거짓과 분별

교회를 속이는 33가지 영적 이슈
거짓과 분별

초판발행 2014년 4월 18일
지은이 이승구
펴낸이 장병주
펴낸곳 예책
등록번호 제 2013-000236호
주소 서울시 서초구 서초동 1628-62 거송빌딩 205호
영업부 02-3489-4300
출판부 02-6401-2657
FAX 02-3489-4309

ISBN 978-89-98300-05-0   03230
편집부에서 독자의 의견을 기다립니다.
책 값은 뒤표지에 있습니다.
21cbooks@naver.com

*이 책에 인용된 성경 구절은 특수한 경우를 제외하고는
 모두 개역개정을 사용했습니다.

기독교 세계관 시리즈 1

교회를 속이는 33가지 영적 이슈
거짓과 분별

• 이승구 지음 •

• 들어가는 말 •

우리는 하루에도 수없이 많은 새로운 일들을 접합니다. 경제 위기, 역사 왜곡, 공직자 비리 같은 일들에서부터 성형, 사형제 폐지, 줄기세포 연구 같은 이슈들이 실시간으로 올라옵니다. 사람들은 전철 안에서, 길거리에서, 연인과 만나는 카페 안에서, 하루 종일 일을 하고 집에 들어가 소파에 앉아서도 새롭게 생겨난 일들을 경험하고, 보고, 읽습니다. 전혀 생각하지 못했던 일들이 무수히 생겨나고 사라지면서 우리의 생각과 삶에 지대한 영향을 미칩니다. 그래서 사람들은 그런 일들에 대한 정보를 찾아보고, 물어보고, 남이 뭐라고 하는지 들어 보고, 책을 찾아서 읽어 보고, 그 일들을 판단합니다. 그 일이 좋은 일인지 나쁜 일인지, 나에게 유익이 되는지 해가 되는지, 거짓인지 진실인지를 묻습니다.

우리 그리스도인들은 이런 일들에 관해 말씀 안에서 신앙으로 바른 판단을 하려고 노력해야 합니다. 그리스도인으로서 이 세상을 살아간다는 것은 하나님 앞에서 그리고 이 세상 앞에서 우리의 책임 있는 생각과 활동이 요구되기 때문입니다.

그런데 여기에 어려운 문제가 있습니다. 우리가 생각해 보려는 문제들의 대답이 성경에 명확히 나타나 있지 않아 보이기 때문입니다. 신약성경만해도 2천 년 전에 쓰였습니다. 그러니 21세기에 등장하는 문제들에 대한 직접적인 언급은 성경에 당연히 없습니다. 인터넷에 대한 이야기도 없고, 배아줄기세포나, 성형에 관한 이야기도 나와 있지 않습니다. 그렇다 보니 이와 같이 성경에 나와 있지 않은 문제들에 대해서는 그저 세상 사람들이 내린 결론에 쉽게 동조하고 따르는 일이 많은 것 같습니다.

바로 이런 상황에서 이 책이 출발했습니다. 성경에는 없는 듯이 보이는, 우리 사회에서 새롭게 생겨난 많은 문제들에 대해 그리스도인은 어떻게 생각해야 합니까? 이 책을 통해서 명확한 성경적 기준 없이 들어온 세상 가치관들이 성도들의 생각 속에 자리 잡고 말씀을 왜곡하는 것을 막기 원합니다. 작은 물구멍이 댐을 무너뜨리는 것처럼 바른 판단 없이 받아들인 세상 가치관이 우리의 신앙과 교회의 기초를 흔들게 하면 안 되기 때문입니다.

우리 그리스도인들은 오늘날 세상에서 생겨난 이런 영적 이슈들에 대해 자기 나름으로 판단하거나 그저 여론에 휩쓸려 가면 안 됩니다. 우리는 하나님의 계시인 성경을 배운 사람답게 성경적 세계관에 입각해서 그 모든 문제들을 판단하고 그에 따라 실천하며 살아야 합니다. 이를 위해서 먼저 무심결에 우리 안에 들어와 있는 사회적 이슈와 쟁점들을 논의의 자리로 꺼내어 놓았습니다. 그리고 그런 문제들을 성경적인 관점에서 어떻게 생각해야 하는지 좀 더 일반적이고 대중적인 용어로, 될 수 있는 대로 간략히 정리해 보았습니다.

좀 더 단순히, 그리고 신속하게 우리 사회에서 발생하는 영적 이슈들에 대해 기독교적 세계관으로 성찰해 보려는 분들이 이 책을 읽었으면 좋겠습니다. 그래서 우리를 잘못된 길로 빠져 들게 하는 근본 문제들이 무엇이며, 그 잘못들로부터 우리가 벗어날 수 있는 길이 무엇인지를 함께 생각하고 실천할 수 있었으면 좋겠습니다. 혹 이 책을 통해 더 깊은 기독교 세계관의 세계로 나아가게 된다면 저는 더 바랄 게 없을 것입니다.

이 책은 2010년에 나온 『우리 사회 속의 기독교』를 새롭게 디자인하고 옷을 입혀 내놓는 것입니다. 앞에서도 말씀드렸듯이 교회와 기독교를 위협하는 우리 사회의 여러 이슈들을 깊이 생각하며, 주님께 자신을 헌신하며 사는 그리스도인이 되는 일에 이 책이 도움이 되기를 바랍니다. 대학부와 청년부, 남전도회와 여전도회에서 이 책으로 토론하고 논의하는 일들이 일어나길 바랍니다. 이는 이 땅에서 기독교 세계관으로 생각하며, 느끼고, 사는 일을 위해 쓰인 일련의 책들 중 하나이기 때문입니다. 그러므로 『기독교 세계관이란 무엇인가』(서울: SFC, 2013), 『기독교 세계관으로 바라보는 21세기 한국 사회와 교회』(서울: SFC, 2013), 『한국 교회가 나아 갈 길: 기독교 세계관적 교회론 탐구』(서울: SFC, 2007) 등과 함께 이 책을 읽어 주기를 부탁드립니다. 이는 모두 21세기 초반 한국 땅에서 살고 있는 그리스도인들이 마땅히 기독교적으로 생각하고 고민해야 할 문제들을 하나하나 묻고 대답해 가려고 한 시도와 흔적들입니다.

이 책을 그냥 읽고 마음에 새겨도 좋지만, 이 책에 등장하는 33개의 주제들을 "교회 변혁과 사회적 제자도 실현을 위한 33일 프로젝트"로 제시해 보고자 합니다. 다양한 방법으로 시도할 수 있지만 다음과 같은 방법으로 시도해 보기를 추천합니다. 먼저 제목을 읽고 주어진 이슈에 대해 간단히 생각하고서 기도합니다. 그런 후 본문의 내용을 읽습니다. 본문의 내용을 되새기며 기도문을 읽습니다. 그리고 읽은 내용에 대해 얼마간의 시간을 두고 생각을 정리합니다. 마지막으로 깨달은 내용을 자신의 용어로 하나님께 기도드립니다. 이런 방식으로 33일 동안 개인이나 그룹이 시행한다면 이 프로젝트를 마친 후에 우리의 기도와 생각하는 방식에 변화가 일어나리라 믿습니다. 주께서 우리를 변혁시키는 일에 이 책을 사용해 주시기를 바랍니다.

우리의 문제들은 다 연관되어 있습니다. 한 가지 문제로 끝나지 않고 꼬리에 꼬리를 물고 생깁니다. 엉킨 실타래의 끝을 잡고 나아가다 보면 기독교 세계관에 대적하는 생각들과 마주하게 됩니다. 그때에 이 책이 우리가 나아가야 할 명확한 길을 제시할 것입니다. 진정 성경에서 말씀하시는 하나님의 뜻이 우리들의 생각 속에 가득 차기를 소망합니다.

끝으로 이 책의 새로운 판을 맡아 흥미롭고 도전적인 형태로 만들어준 도서출판 예책의 장병주 대표와 이 책을 읽어 주실 모든 독자들께 깊은 감사를 드립니다.

2014년 3월 15일
합동신학대학원대학교 연구실에서
이승구

• 차례 •

들어가는 말 —— 4

제1부 교회를 속이는 영적 이슈

교회의 위기 상황 앞에서 —— 14
교회 안에 더 많은 직분이 필요한가? —— 20
인터넷 예배, 드려도 되는가? —— 24
교회가 진정 성경에 따라 민주적으로 통치되려면? —— 31
교회의 리더십은 강력한 영향력인가? —— 46
기독교 언론, 어떻게 변해야 하는가? —— 56
참으로 부활을 기념하는 부활절 행사인가? —— 61
영성은 훈련으로 깊어지는가? —— 67

제2부 세상 속의 영적 함정

경제 위기는 왜 영적 위기인가? —— 76
'배아줄기세포를 이용한 연구', 하면 안 되는 이유 —— 82
'성형'에 숨은 함정 —— 88
양심적 병역 거부, 어떻게 볼 것인가? —— 94
이주 노동자를 위한 교회의 역할은 무엇인가? —— 99
일본의 역사 왜곡 앞에서 —— 104
책임지는 사회를 위한 그리스도인의 역할은? —— 108
특권층의 비리를 없애는 방법 —— 112

동성애 반대가 차별인가? —— 121
사형제 폐지를 막는 하나님의 뜻 —— 127
하나님과 함께하는 생명운동 —— 132

제3부 나를 속이는 영적 거짓말

내가 원하는 나를 위한 하나님의 계획? —— 138
죽은 사람도 구원받을 수 있다? —— 142
예수는 '최고경영자'다? —— 145
좋은 말이 좋은 말이다? —— 148
이상한 종교적 언어들! —— 151
방언, 해도 되는가? —— 155
인간도 영원한 사랑을 할 수 있다? —— 159
질병은 죄 때문에 온다? —— 163

제4부 이단, 사이비 운동의 유혹

관상기도는 무엇이 잘못인가? —— 172
치유 사역 중심 목회의 위험성 —— 176
세상이 말하는 종말은 왜 가짜인가? —— 181
WCC는 진정한 교회연합 운동인가? —— 187
와그너와 신사도 운동의 오류 —— 192
신천지는 왜 이단인가? —— 213

미주 —— 222

―― 제1부 ――

교회를 속이는 영적 이슈

...

교회의 위기 상황 앞에서
교회 안에 더 많은 직분이 필요한가?
인터넷 예배, 드려도 되는가?
교회가 진정 성경에 따라 민주적으로 통치되려면?
교회의 리더십은 강력한 영향력인가?
기독교 언론, 어떻게 변해야 하는가?
참으로 부활을 기념하는 부활절 행사인가?
영성은 훈련으로 깊어지는가?

교회의 위기 상황 앞에서

2010년, 한국 교회는 그동안 지향해 온 것들이 서로 부딪치는 양상을 보이고 있다. 그 안에 늘 있어 온 몇 가지 지향성들이 좀 더 강하게 부딪치는 한편, 어떤 면에서는 모든 교회가 상당히 비슷하게 나아가는 경향도 나타나고 있다. 우선 2013년 10월 부산 벡스코에서 WCC 10차 총회가 개최됨에 따라 각 교단의 지향성이 부딪치는 양상이 드러났다. 과연 WCC 총회가 교회의 하나됨과 사명 수행의 하나로 볼 것인가, 아니면 혼합주의를 가져올 것인가를 두고 견해가 엇갈린 것이다. KNCC는 사회 경제 문제와 관련된 일을 지속해 나가고 있고, 보수적인 기독교 지도자들 역시 몇 년 전부터 세상 속에서 기독교의 세상적인 영향력을 행사하는 쪽으로 나아가는 모습을 보이고 있다.

한편, 이단은 더 극성을 부리고 있다. 우리가 다른 이단들에 정신이 팔려 있는 동안 꾸준히 세를 넓히고 있는 통일교를 비롯해 성경을 앞세우지만 전혀 성경적이지 않은 '베뢰아'와 '신천지'의 극성은 이제 도를 넘어서고 있다. 교주가 세상 법정에서 정죄되었음에도 불구하고 사그라지지 않는 JMS와 이미 이단으로 낙인된 '신사도 운동파'와 '다락방 이단 운동', 소위 '하나님의 교회', 그리고 '구원파'들도 활발하게 활동하고 있고, 그들을 위해 협조하는 교단과 연합단체다. 한편, 권력과 돈을 이용해 정통 교회로 인정받으려는 이단들도 상당수 있고, 그들을 위해 협조하는 교단과 연합단체도 있다. 안타깝게도 이런 이단들은 앞으로도 더 많이 쏟아져 나올 것이고, 그 수법도 더 교묘해질 것으로 보인다.

학계에서는 성경에 근거한 신학의 정체성을 더 분명히 하기보다는 성경에 근거한다는 명분하에 오랜 성경 해석의 전통을 파괴하거나 모호하게 만들 가능성이 높아 보인다. 가령 장로교단의 신학교들 중에서 장로교의 개혁신학에 충실한 학교를 꼽으라고 할 때 과연 얼마나 있을지 의문시 된다.

그러므로 한국 교회는 참으로 '위기' 앞에 있다고 할 수 있다. 교회는 정체성을 잃었고 사회에서 영향력을 잃고 있으며 그럴수록 세나 몸집으로 과시하려는 세속화가 가속되고 있다.

이런 때 우리는 어떻게 해야 하는가?

결론적으로 말하면 교회든 그리스도인이든 진정한 예수 그리스도의 제자의 삶으로 돌이켜야 한다. 지금 교회는, 그리고 그리스도인은 예수님의 제자로서 살지 못하고 있다. 먼저 이것에 대한 자각이 있어야 할 것이다. 그런 다음에는 돌이켜 회개하고 주님의 뜻에 합당한 길로 나아가야 한다. 교회와 그리스도인이 끊임없이 자기 점검을 하고 회개할 때만 희망이 있다. 반대로 가장 절망적인 것은 이만하면 됐다는 자기 만족에 젖어 있을 때다. 자기 만족에 젖어 있을 때 우리는 사실상 주님의 제자로 살기를 포기한 것이나 다름없기 때문이다.

그리스도인은 누구인가?

그렇다면 예수 그리스도의 제자로 사는 그리스도인은 누구인가?

그리스도인은 하나님의 말씀인 성경의 가르침에 따라 순종하며 매 순간 성령에 의지하는 사람이다. 주께서 세우시고자 하는 교회 공동체의 지체가 된 것을 매 순간 감사하며 교회를 통해 주시는 은혜를 누리는 가운데 하나님이 이루시고자 하는 뜻에 따라 살아가는 사람이다. 늘 깨어 하나님의 뜻에 합당하게 살고 있는지 끊임없이 점검하고 성령의 지혜로 돌이켜 바로 서는 사람이다. 우리 안의 '육체'$_{σάρξ}$, 즉 부패한 인간성을 끊임없이 버리는 사람이다.

무엇보다 성경이 가르치는 바른 예배를 하나님께 드리는 사람이다. 매일의 삶을 하나님께 드리고 성령을 통해 선포된 말씀 안에서 회개하고 성화되어 가는 사람이다. 성경적이지 못한 예배를 못 견뎌하며 어찌하든지 바른 예배를 드리려는 열망에 사로잡힌 사람이다.

진정한 그리스도인은 세상에 나가서도 말씀에 근거한 바른 기독교적 세계관으로 말하고 행동하는 사람이다. 세상에서 하는 모든 일이 주께서 맡기신 일이라 여기며 그 일 가운데 하나님의 뜻이 이루어지게 하기 위해 헌신하는 사람이다.

이런 사람이 있는 곳에 하나님의 통치가 나타난다. 이런 사람이 많아지면 한국 교회는 이 세상의 희망이 될 것이다.

이런 점에서 2009년에 조직된 신학교검증위원회가 신학교육을 바르게 하기 위해 활동하는 것과 성경을 진정으로 믿는 교단들의 연합운동에 주목하게 된다. 이들의 활동이 의미 있는 것이 되려면 한국 교회의 그리스도인들이 위에서 언급한 진정한 자기 점검과 회개, 이에 근거한 예배의 회복을 위해 노력해야 한다. 또한 말씀에 근거한 기독교 사상을 체득하고 실천해야 한다. 그러나 그리스도인들과 교회들과 교단들이 자신의 기득권을 포기하지 않는 한 이와 같은 일은 이루어지기 어렵다는 것을 알아야 한다.

부디 한국 교회 안에 개인적으로나 집단적으로 이와 같은 진정한 그리스도인 되기 운동이 성령님께서 주시는 은혜 가운데 활발하게 전개될 수 있기를 기원한다. 교회와 그리스도인이 주께서 부르신 교회로서 사명을 감당하기를 앙망한다.

> • 한국 교회 변혁과 사회적 제자도 실현을 위한 33일의 기도 •
>
> 교회를 세우시고, 교회로 이끄시며, 지금도 우리를 통치하시는 삼위일체 하나님, 우리를 창조하시고, 구원하여, 교회 공동체에 속하게 하심을 감사합니다. 우리를 교회가 되게 하셨으니 주님께서 가르치신 교회의 도리를 배워 이 땅 가운데 진정한 교회의 모습을 드러내게 인도해 주옵소서. 때로 우리가 교회답지 않을 때도 우리의 죄를 용서해 주옵시고, 진리로 이끌어 거룩하게 하옵소서. 주께서 가르치신 진리의 말씀 안에서 주님이 원하시는 방향으로 모든 문제들을 해결하도록 성령님께서 지혜와 용기, 힘을 더하여 주옵소서. 그리히여 우리를 진정한 교회로 세워 주옵소서. 교회의 머리이신 예수님의 이름으로 기도합니다. 아멘.

교회 안에 더 많은
직분이 필요한가?

나는 가끔 오늘날 교회
에서 이뤄지는 사역이 많아진 만큼 장로나 집사 직분 외에 다
양한 직분을 만들면 안 되느냐는 질문을 받는다. 성경은 교회
의 직임에 하나님이 의도하신 뜻이 있다고 말한다. 그러므로
교회 안에 목사, 장로, 집사 등의 직분은 그저 그런 직분들이
있으면 좋을 것 같아서나 다른 교회에서도 그렇게 하니까 있
는 것이 아니다. 만일 이런 이유 때문에 이런 직분들이 생긴 것
이라면 시대와 교회의 상황이 변할 때마다 적합한 직임을 세우
면 될 것이다. 그러나 성경이 가르치는 직분에는 하나님의 뜻
이 있으므로 시대와 상황이 변한다 해도 함부로 바꿀 수 없음

을 알아야 한다.

물론 과거의 교회 중에는 스스로 직임을 만들어 낸 뒤 그것을 신구약 성경과 연관시키려 하기도 했다. 그리고 그것들 중에는 오랫동안 교회 안에서 통용되어 교회의 전통으로 이어져 내려오기도 한다. 예를 들면, 성경이 말하는 감독과는 성격이 다르지만 장로들 위에 있는 감독이나 대감독, 추기경, 교황 등이 그런 직분들이다. 이런 것들은 성경이 말하는 교회의 조직이나 직임의 성격에 부합하지 않는 잘못된 직분들이다.

그러나 종교개혁 시기에 교회는 정신을 차리기 시작했다. 교회의 모든 것을 성경의 가르침에 근거해야 한다는 원칙으로 돌아서기로 말이다. 역사와 전통이라는 이름으로 이어져 오는 모든 직임을 배제하고 성경이 말하는 직분을 회복한 것이다. 종교개혁의 내용 중에는 이런 교회의 제도 개혁도 포함되어 있다. 이것은 새롭게 직임을 만든 것이 아니라 성경이 가르치는 직임으로 회복한 것이다.

이때 회복된 것이 먼저 목사직이다. 교회 안과 밖에서 하나님의 말씀을 공식적으로 가르치는 교사이며 예배 의식을 집행하는 장로로서 목사직을 회복한 것이다. 또 성도들 중에서 교회를 치리하고 성도들을 권면하고 격려하는 직분으로서 장로직을 회복했다. 그리고 교회 재정을 돌아보고 가난한 이들을 섬기는 직분으로 집사직이 회복되었다.

그런데 세월이 흐르면서 이렇게 회복된 직분의 의미가 퇴색되는 것 같다. 교회 안에 좋은 제도를 가지고 있으면서도 직분에 걸맞은 사역을 하지 않으므로 새롭게 직분을 세우자는 목소리가 나오는 것이다. 우리들이 바르게 교육하고 훈련하지 않은 까닭이다.

이제부터라도 잘못된 직임을 회복한 그 당시의 정신으로 돌아가야 한다. 성경의 원칙에 충실한 직분에 걸맞은 사역을 직분자들이 잘 감당해야 한다. 그렇게 하고서도 새로운 직임이 필요하다면 바울이 말한 "서로 돕는 것"_고전 12:28_에 근거해서 새롭게 세울 수도 있을 것이다. 그러나 먼저 우리가 성경이 가르치는 직분에 어울리게 사역을 하고 있는지 돌아보아야 할 것이다.

• 한국 교회 변혁과 사회적 제자도 실현을 위한 33일의 기도 •

교회를 세우시고, 인도하시고, 머리이신 예수님, 주님께서 신약 교회를 세우실 때에 선지자와 복음 전하는 자를 세우셔서 교회의 초석을 놓고, 교회가 어떤 것인지를 가르쳐 주신 것을 감사합니다. 그들이 세상을 떠나 '하늘'에 안식할 때에 말씀을 가르칠 목사와 말씀에 따라 성도를 인도하고 바르게 살도록 인도할 장로와 교회 안과 밖의 가난한 자들을 돌아보고 섬기는 집사를 세워 주신 것을 감사합니다. 우리 임의로 세운 것이 아닌 주께서 성경의 계시 가운데 규정하여 주신 직분이니 목사로, 장로로, 혹은 집사로 세울 때에 하나님께서 인도해 주시고 임직하는 모든 과정도 섬기는 일로 수종들게 하옵소서. 한국의 모든 교회에 준비된 자들로 직분자가 세워지게 인도해 주옵소서. 혹 이런 직분을 보충하기 위해 새로운 직분자를 세울 때에도 주님의 의도를 살펴 잘 따르게 하옵소서. 예수님 이름으로 기도합니다. 아멘.

인터넷 예배, 드려도 되는가?

　　　　　　　　　　모든 과학 기술이 그렇듯이 사이버 공간을 이용하는 기술IT Technology도 유익한 점이 있는가 하면 문제점도 있다. 그리스도인은 IT기술도 책임 있게 사용해야 한다.

　책임 있는 과학을 하는 것도 사람이고, 과학 기술을 책임 있게 사용하는 것도 사람이다. 우리는 지나간 역사를 통해 눈부신 과학의 발전이 오히려 인류에 재앙이 되기도 했음을 알고 있다. 그러나 안타깝게도 과학은 무서운 속도로 발전하건만 이 기술을 사용하는 사람들의 책임의식은 그 속도에 훨씬 못 미치는 모습이다. 여기에 그리스도인도 예외는 아니다.

과학 기술과 관련해서 먼저 지금까지 교회와 그리스도인이 보여 준 무책임한 모습에는 어떤 것이 있는지 알아보고자 한다. 그런 다음 그리스도인으로서 과학 기술을 어떻게 책임 있게 사용할 것인지를 살펴보자.

인터넷 예배는 성경적인가?

IT기술을 이용하여 사이버 공간을 '독자적인 예배 공간'으로 만들려는 시도야말로 교회가 IT기술을 무책임하게 사용한 대표적인 예가 아닌가 한다. 성경에 근거해서 교회가 무엇인지를 생각해 보면 인터넷으로 예배드리는 것은 발상조차 할 수 없는 일이다. '성도의 교제'교회가 아니기 때문이다. 물론 나중에 다시 말하겠지만, 인터넷을 통해 교회 공동체의 교제와 교육을 돕는 일을 할 수 있다. 유용하다면 더 적극적으로 사용할 수 있다.

그러나 성도들이 모이지 않는 사이버 공간에서 예배드리는 일은 인격적 교제가 없는 불완전한 공동체다. 다시 말하지만 사이버 공간이 인격적 교제를 더 풍성하게 만들 수는 있지만 그 자체가 인격적 교제가 될 수는 없다. 교회는 기본적으로 인격적 교제를 나누는 공동체라는 것이 성경적인 이해이기 때문이다.

이것은 교회의 규모가 어느 정도여야 적당한가 하는 문제와도 연결된다. 교회는 성도들이 인격적인 교제를 나눌 수 있을 정도의 규모여야 한다. 인격적 교제를 할 수 없을 만큼 크다면 곤란하다. 십자가의 구속을 통하여 삼위일체 하나님과 인격적 교제를 나누는 성도는 역시 십자가에서 이루어진 구속으로 말미암는 인격적 교제를 나누어야 한다.

다행히 지금까지는 거의 모든 성도가 교회 공동체로 모여 함께 예배를 드리고 인격적 교제를 나누고 있다. 교회를 사랑하시고 지키시는 주님의 은혜 덕분이다. 그럼에도 불구하고 사이버 예배에 대한 경각심을 가질 필요가 있다. 깨어 있지 않으면 부지불식간에 교회가 참 모습을 잃어버릴 수 있기 때문이다.

한편, 지교회를 세워 예배를 중계하는 것도 IT기술을 무책임하게 사용하는 또 다른 예가 된다. 성도들이 어느 목회자의 설교를 사모하는 것을 비난할 수는 없다. 그렇지만 지교회를 세우는 것은 교회의 본질을 망각한 잘못된 처사다. 또 그런 지교회에 모이는 이들도 전혀 책임이 없다고 말하기 어렵다.

엄밀히 말하면, 이 땅의 모든 참된 교회들은 다 합하여 하나의 교회이고, 각각의 교회 공동체들은 모두 지교회肢教會, 즉 형제 교회이다. 따라서 물리적인 지교회를 세우는 모든 진정한 교회들은 지교회의 진정한 의미를 퇴색시키는 일이다.

목사가 설교할 때 저 멀리 있는 사람까지 잘 보이게 하려고 대형 스크린을 이용하는데, 이것은 있을 수 있는 것이지만 이렇게 대형 스크린을 사용하는 것에 대해서도 조심해야 한다고 생각한다. 왜냐하면 어떤 매체가 중심이 되는 예배는 교제를 배제하기 쉽기 때문이다. 중계되는 예배에 참여하고, 중계되는 설교를 더 자주 접하다 보면 후에는 자기 집 모니터 앞에서 예배하는 것도 별로 이상하게 생각하지 않게 될 수도 있다. 그러다 보면 나중에는 주일날에도 여행을 떠나서 여행지에서 인터넷을 열어 예배하는 일도 이상하지 않게 여기게 될 것이다.

사이버 공간의 바른 활용

신실한 성경적 교회들이 IT기술을 사용해서 평소에 배운 말씀을 복습한다든지, 더 깊은 교제를 한다면 이것은 IT기술을 활용한 좋은 예라고 할 수 있다. 이것은 교회를 더 든든히 세워 나가는 데 도움을 준다. 이밖에 사이버 공간을 활용함으로써 유익한 점은 무엇일까?

첫째, 사이버 공간을 통해 성도끼리 보다 폭 넓은 교제를 나눌 수 있다. 멀리 떨어진 성도끼리도 교제를 나눌 수 있고 다른 교회 성도들과도 교제를 나눌 수 있다. 특히 다른 교회 성도들과 교제하는 것은 다양한 공동체의 가르침을 접할 수 있게 해준다.

둘째, 좀 어렵기는 하지만 사이버 공간에서 전도를 시도해 볼 수 있다. 19세기 영국의 복음주의자들이 그 당시의 최신 방법을 모두 사용해서 복음을 멀리, 그리고 폭 넓게 전한 것처럼[1] 우리도 우리 시대에 활용 가능한 방법으로 전도할 수 있다.

셋째, 자신이 출석하는 교회 공동체에서 건전한 말씀의 교훈을 얻지 못할 때, 사이버 공간을 통해 다른 공동체의 섬김과 건전한 성경적 가르침을 받을 수 있다. 그러나 이때는 이단에 빠지지 않도록 주의해야 하고 항상 겸손할 수 있도록 해야 한다.

그리스도인이 사이버 공간을 사용하는 태도

사이버 공간에서는 '예의 바른 태도'civility와 '절제'self-control가 잘 드러나야 한다. 그것이 책임 있게 IT기술을 사용하는 모습이다. 물론 이 두 가지 태도는 일상생활에서도 요구되는 미덕이다.

그리스도인이 쓴 글이나 댓글은 영국 사람들이 자주 쓰는 '사랑스러운'lovely 모습으로 나타나야 한다. 때때로 전도를 목적으로 쓴 글이나 어떤 주장에 대한 반론으로서 쓴 글에서 무례함이 느껴지면 참으로 안타깝다. 그리스도인은 댓글을 달 때도 믿지 않는 사람들에 대한 배려와 그들에게 미칠 영향을 깊이 고려해 선고하는 마음 missionary mind 을 가져야 한다.

한편, 사이버 공간에서 너무 많은 시간을 소비해서 마땅히 해야 할 일을 제대로 하지 못한다면 그것은 주님이 원하시는 모습이 아니다. 그러므로 다른 일에서도 마찬가지지만 사이버 공간에서는 특히 절제가 반드시 필요하다. '인터넷 중독'이라는 말이 그냥 나온 말이 아님을 명심해야 한다. 다른 모든 과학 기술과 마찬가지로 IT기술도 책임 있게 사용하길 바란다.

마치면서

상당수의 과학 기술은 일반 은총 중 우리에게 허락된 중립적인 도구다. 그러므로 이것이 선한 일에 사용되는지, 악한 일에 사용되는지는 그것을 사용하는 사람에 달려 있다. 이는 이 기술을 개발한 사람이 어떤 사람이냐에서도 동일하게 적용된다. 그러므로 IT기술 자체는 부차적으로 중요하며, 또 그래야만 한다. 과학 기술이 너무 발달해서 우리가 그것을 뒤따라가는 형국이라면, 우리가 과학 기술의 노예가 되지는 않았는지 살펴봐야 한다. 과학 기술의 노예가 아니라 주인이 되려면 그것을 책임 있게 사용해야 한다. 이런 신실하고 책임 있는 태도는 하나님이 기뻐하시는 성도의 모습이다.

> **• 한국 교회 변혁과 사회적 제자도 실현을 위한 33일의 기도 •**
>
> 온 세상에 충만하신 삼위일체 하나님, 하나님은 세상 모든 것과 관련되어 있지 않은 것이 하나도 없습니다. 그러나 인간들은 새롭게 발명해낸 인터넷이 이런 하나님의 능력에 버금가는 것으로 착각하고 인터넷을 사용하여 참된 하나님의 예배를 대체하려거나 인터넷이 주는 재미에 빠져 예배에서 멀어지기까지 합니다. 이런 우리의 죄를 용서해 주옵소서. 하나님이 허락하신 일반 은총 중 하나인 인터넷도 하나님의 뜻에 합당하게 사용하게 하옵소서. 우리에게 절제하는 마음을 주시고, 진정한 지혜를 발휘하여 하나님의 뜻에 더 가깝게 나아가게 도와주옵소서. 예수 그리스도의 이름으로 기도합니다. 아멘.

교회가 진정 성경에 따라 민주적으로 통치되려면?

최근 당회를 폐지하고 교인들이 확대 참여하는 운영위원회를 구성하거나, 평신도에게 설교권, 성례 집행권을 부여함으로써 평신도의 사역 범위를 확대하고 목사와 장로의 임기제를 시행하는 등 교회를 민주적으로 운영하자는 움직임이 일고 있다. 우리는 이런 움직임을 어떻게 바라보아야 하는가?

사실 이런 변화는 그동안 당회 중심으로 운영된 교회 체제에 대해 상당한 불만이 쌓인 데서 비롯되었다. 여기저기에 귀를 기울여 보면 당회 중심의 교회 운영을 기꺼이 찬성하는 사람은 거의 없는 듯하다. 담임목사는 담임목사대로 당회 때문에 목회하기가 힘들다고 토로하고, 교우들은 교우들대로 당회를 좀처럼 신뢰하기 어렵다고 말한다. 심지어 당회만 폐지되면 교회가 자연히 부흥할 것이라고도 말한다. 그리스도인들은 이런 상황을 어떻게 바라봐야 하는가?

'성경' 중심이 대원칙

그리스도인들에게는 모든 것을 성경적으로 해야 한다는 대원칙이 있다. 하지만 안타깝게도 요즘에는 이 원칙을 무시하는 분위기가 팽배하고 상당수 교회가 성경의 침묵을 강요하고 있다. 이처럼 성경으로 문제를 해결할 수 없다는 생각이 확산되면 교회는 이름만 교회일 뿐 그저 하나의 종교기관으로 전락하고 만다.

어떤 사람들은 성경이 교회의 형태에 관해서 궁극적인 것을 말하지 않는다고 주장한다. 구원 같은 본질적인 측면에 관해서는 명료하고 최종적인 진술이 있지만 교회의 형태에 관해서는 별 다른 언급이 없다는 것이다. 따라서 이들은 각 교회가 시대마다 적절한 형태를 결정해도 된다고 주장한다.

이들은 또 백성의 민도民度가 낮을 때는 감독의 지도를 받는 감독제 교회가 가능했고, 좀 깨어 있는 백성들이 상당수 있을 때는 그중 일부가 백성의 대표가 되어 활동하는 장로 협의체가 가능했으며, 오늘날처럼 대부분의 시민이 계몽되었거나 계몽되고 있는 상황에서는 보다 민주적인 교회 행정 형태가 나와야 한다고 주장한다.

과연 그런가? 여기서 반드시 경계해야 할 두 가지 극단적인 생각을 살펴봐야 한다. 하나는 고정된 형태의 교회 체계를 주님께서 신법神法으로 내려 주셨다는 생각이다. 가령 감독제는 하나님이 내려 주셨기에 오랫동안 교회가 그 형태를 유지할 수 있었다거나 아니면 운영 방식을 하나님이 구체적으로 다 정해 주신다는 식으로 생각하는 것이다.

또 다른 극단은 교회 체계나 운영을 논할 때 성경에서 어떤 원칙을 찾아내어 적용하기보다 우리의 지혜를 모아 그때그때 상황에 맞춰 가장 좋은 것을 취하면 된다는 생각이다.

이러한 생각은 비단 교회 형태나 운영 방식에서뿐 아니라 기타 다른 문제에서도 반드시 피해야 할 극단적인 태도다. 전자는 너무 엄격하여 하나님께서 규정하신 것 이상으로 나갈 수 있는 위험성이 있기 때문이고, 후자는 너무 자유로워서 하나님의 규정을 무시할 수 있기 때문이다.

그러므로 우리는 다른 문제들과 마찬가지로 하나님의 말

쏨인 성경이 명확히 규정하는 것과 성경에서 합리적 혹은 필연적으로 끌어낼 수 있는 것을 모두 수용하여 교회의 형태와 운영 방식에 대해 입장을 정리해야 할 것이다. 이것이 우리가 우선적으로 세워야 할 대원칙이다. 이 원칙에서 벗어나는 것은 곧 성경적 원리에서 벗어나는 것이요, 하나님의 규정에서 벗어나는 것이며 교회를 그저 하나의 종교 집단으로 전락시키는 것이다.

역사에서 배우자

그러면 성경은 과연 어떻게 말하고 있는가? 성경에서 합리적이고 필연적으로 도출할 수 있는 교회 형태에 대한 결론은 무엇인가? 교회사에 비춰서 생각해 볼 수 있다.

신약 시대의 교회들은 성경에 따라 형태를 갖춰 갔지만 세월이 흐르고 복잡한 시대 상황을 겪으면서 급격히 말씀의 규정에서 벗어나더니 2세기 무렵부터는 감독제를 실시하게 되었다. 이후 감독제는 교회의 가장 일반적인 형태로 자리 잡았다.

하지만 16세기 종교개혁이 일어날 무렵 사람들은 오랜 전통이라고 해서 그것이 성경적인 것은 아님을 생각하게 되었다. 2세기부터 16세기까지 동방 교회든 서방 교회든 대체로 감독제 형태를 채택했다. 감독제란 하나님이 세우신 감독의 인도하에 성도들이 신앙생활을 하고 교회의 모든 것을 결정하는 형태를 말한다. 오늘날까지 이런 형태를 옹호하는 사람들은 하나님께서 감독제를 최상의 교회 형태로 규정해 주셨다고 주장한다.

천주교회도 이런 입장을 표명하는 교회 가운데 하나다.

종교개혁이 무르익어 갈 무렵 사람들은 '성경에서 말하는 감독이란 여러 장로들을 지칭하는 또 다른 명칭이 아닐까' 하고 생각하게 되었다. 교회가 성경으로 돌아가 성경의 가르침에 따라 생각하고 점검하는 과정에서 얻게 된 새로운 깨달음이었다. 성경에 현실을 비춰 보고 거기서 성경의 가르침과 어긋나는 부분을 발견하고 고치기 시작한 것이다. 이것이 중요하다. 특히 교회의 형태라는 매우 구체적인 문제에 대해 성경의 가르침대로 적용해 보려는 시도는 매우 의미 있었다. 그리고 이것이야말로 종교개혁의 성과 중 하나라고 할 수 있다. 성경의 가르침에 근거한 현실의 개혁, 그것이 종교개혁이다. 교회가 이 원칙을 잃어버린다면 종교개혁을 지향하고 종교개혁의 형태를 가진다고 하면서도 종교개혁 원리에 반反하는 일이 일어날 수 있다.

그러므로 우리는 시대와 장소를 막론하고 언제나 성경의 가르침에 우리의 현실을 비춰 보고 만일 성경의 가르침에서 벗어나는 것이 있다면 반드시 고쳐 나가야 한다. 종교개혁 이전에는 (또 오늘날에도 종교개혁에 반대하는 교회들 안에는) 교회마다 사제司祭, priest라고 불리는 장로들이 있었고(여기에는 사제주의라는 심각하고 근원적인 문제가 도사리고 있다), 또 그런 사제들 위에 더 큰 교회를 감독하는 감독들bishops이 있었다.

그런데 개혁자들은 '장로들'presbyteroi, '감독들'bishops이라고 표현된 사도행전 20장 17, 28절과 디도서 1장 5, 7절의 말씀을 근거로 성경이 말하는 감독과 장로가 동의어라는 사실을 발견했다. 그리고 성경에 나온 '감독들'빌 1:1이라는 말이 '장로들'을 뜻한다고 생각하게 되었다.

뿐만 아니라 사도 바울이 주님의 은혜 가운데 전도하여 얻게 된 하나님의 백성에게 '장로들', 즉 '감독들'을 택하라고 한 부분행 14:23이나 디도에게 그레데에 남아 장로들을 택하여 세우라고 한 부분딛 1:5, 에베소에서 목회하던 디모데에게 어떤 사람을 성도들 중 감독으로 선출해야 하는지 그 자격을 명시한 부분딤전 3:1-7을 눈여겨보게 되었다. 그들은 이런 규정들이 1세기 교회만을 위한 것이 아니라 만대의 교회가 갖춰 가야 할 형태라고 생각하여 성경이 말한 대로 교회의 형태를 바로잡아 가자고 주장했다. 이것이 바로 종교개혁이었다.

그러므로 종교개혁은 모든 것을 성경의 가르침에 근거하여 생각하고 살겠다는 근본적인 세계관의 변화이자 교회의 체제와 형태와 예배 방식까지도 성경에 근거하여 근본적으로 변혁하려고 한 운동이다.

하지만 이런 변혁을 주장하는 사람들 중에는 너무 나간 사람들도 있었다. 루터보다 더 급진적인 주장을 펼친 안드레아스 칼슈타트Andreas Karlstadt와 퀘이커 교도들이 대표적인 예다. 그들은 각각 정도는 달랐지만 성례를 꼭 집행해야 하는 당위성이나 목사 직분을 따로 두어야 하는 필요성까지 부인하고 나섰다. 오늘날 우리나라에서도 이런 방향으로 나아가는 사람들과 그런 공동체들이 눈에 띄기도 한다.

그러나 주류 개혁자들은 성경적 근거에 입각하여 이런 급진적인 방향을 허용할 수 없다고 강력하게 입장을 천명했다. 여기서 개혁자들을 천주교회와 급진적 종교개혁자들 사이에 있는 중도로 표현하는 것은 온당치 않다. 주류 종교개혁자들은 중도적 입장을 취한 것이 아니라 **성경이 말하는 바른 교회의 형태를 주장한 것이기 때문이다.**

그러므로 우리는 오랫동안 감독제가 유지되어 왔고 이에 대한 개혁자들의 주장이 있었으며 보다 급진적인 변혁을 추구하던 사람들도 있었지만, 모두 성경의 가르침이라는 시금석을 통해 판단해야 함을 분명히 해야 한다.

성경이 시사하는 바람직한 교회의 형태

그렇다면 과연 성경이 시사하는 가장 바람직한 교회의 형태는 무엇일까? 성경은 기본적으로 교회를 가리켜 "그리스도 예수 안에서 거룩하여지고 성도라 부르심을 받은 자들"고전 1:2이라고 말한다. 교회는 다름 아니라 구속함을 받은 하나님의 백성이다. 성전이라고 불리는 그리스도의 몸이다. 그래서 바울은 고린도 교회 공동체를 향해 "너희가 하나님의 성전인 것과 하나님의 성령이 너희 안에 계시는 것을 알지 못하느냐"고전 3:16고 수사학적으로 묻고 있다.

신약 교회 공동체를 세우고 만대 교회의 터를 놓으신 주님은 사도들을 세우며 그들에게 각 교회마다 장로들을 세우라고 말씀하셨는데, 사도들이 독자적으로 지명하지 말고 성도들 가운데서 선출하라고 하셨다행 14:23. 그리고 장로 선출을 위한 기준도 분명히 지정해 주셨다딤전 3:1-7; 딛 1:5-9. 하나님은 장로들을 세울 때 성도들을 사용하셨다. 교회 공동체가 하나님의 의도를 잘 파악하여 그분 뜻에 부합한 사람들을 세우게 하신 것이다.

오늘날도 성도들이 깨어서 하나님의 뜻에 부합한 사람들을 장로로 세워야 한다. 성도가 장로를 잘못 선출하는 것은 자신에게 주어진 권한을 제대로 사용하지 못한 직권 남용이요, 마땅히 징계를 받아야 할 과오다.

오늘날 많은 교회에서 복잡한 문제가 생기는 것은 바로 성도가 주님의 뜻을 구하며 그분의 기준에 부합한 사람을 목사와 장로로 선출하지 않기 때문이다. 우리는 징계를 달게 받고 진심으로 회개하면서 어떻게든 성경적 원리에 충실하려고 노력해야 한다. 현실을 개탄하며 기존의 제도를 다 부정해 버리고 새로운 제도를 만들어 보려는 것은 성경을 통해 교회에 대한 규정을 시사해 주신 하나님보다 더 높아지려는 의도로밖에 보이지 않는다.

만대의 교회를 염두에 두신 하나님은 몇몇 소수의 사람이 통치력을 행사하던 그 시대에 이미 교회 공동체 안에 복수의 장로들을 세워서 그들로 하여금 하나님의 뜻에 따라 서로 교정하고 보호하고 함께 교회 공동체를 다스리며 인도하게 하셨다. 이 장로들이 우리를 다스리는 자들이며 롬 12:8; 딤전 5:17, 인도하는 자들이다 히 13:17.

세월이 지나면서 1세기 무렵에는 교회를 다스리는 장로들 가운데 "말씀과 가르침에 수고하는 이들"이 생겨났다. 바울은 이미 그런 사람들이 교회 공동체 안에 있다는 것을 매우 자연스럽게 생각하면서 "잘 다스리는 장로들은 배나 존경할 자로 알되 말씀과 가르침에 수고하는 이들에게는 더욱 그리할 것이니라"딤전 5:17고 말했다. 장로들과 함께 교회를 다스리고 목양하면서 특히 "말씀과 가르침에 수고하는 이들"을 다른 곳에서는 '목사와 교사'로 부르기도 하는데엡 4:11 바울은 주님께서 교회 공동체에 주신 그런 사람들이 "성도를 온전하게 하여 봉사의 일을 하게 하며 그리스도의 몸을 세워야"엡 4:12 한다고 말했다. 즉, 하나님께서 목사와 교사를 세우신 이유를 분명히 언급한 것이다.

세월이 지나면서 사람들은 말씀을 잘 가르치기 위해 특별한 훈련이 필요하다는 생각을 하게 되었고, 그 결과 목사 간 도제 교육이나 신학대학 및 신학대학원이 생겨났다. 그리고 제대로 공부한 사람이 교회의 선출을 통해 목사로 임직되어 교회 공동체를 가르치는 게 일반화되었다.

이렇게 목사들과 장로들이 성경의 원칙에 근거하여 교회의 일을 협의하기 위해 세운 기구가 오늘날 당회라고 부르는 '컨시스토리'consistory다. 이를 목사들과 장로들이 함께 앉아 의논한다는 뜻에서 '세션'session이라고 부르기도 한다(장로교회의 전통).

이 두 용어를 우리말로는 모두 당회堂會라고 번역한다. 개개의 지교회肢教會, local church를 잘 인도하는 모임이라는 뜻에서 그렇게 번역한 것 같다.

그러므로 당회는 백성의 의사를 반영하여 선출한 대표 기관이고 본질적으로 하나님의 뜻을 잘 수행하는 데 목적을 둔 협의체 기관이다. 교회에 지배권을 행사하려는 국가나 교황 혹은 감독들과 투쟁하면서 오로지 하나님 말씀에 의지하려고 유지한 기관이 당회인 것이다.

우리의 선배들은 이처럼 하나님의 말씀대로 교회가 교회다운 모습을 유지해 갈 수 있도록 피를 흘려 싸워 왔다.

제도의 타락, 어떻게 할까?

지금까지 이 글을 진지하게 읽은 독자라면 '성경의 가르침과 교회사의 투쟁을 통해 귀한 믿음의 유산을 받았음에도 불구하고 오늘날 교회는 왜 이렇게 문제가 많을까' 하는 상당히 심각한 질문을 하게 될 것이다.

여러 번 말하지만 언제나 문제는 사람이다. 하나님께서 아무리 좋은 제도를 마련해 주시더라도 그분의 의도를 이해하고 순종하지 않으면 결과는 불행해질 수밖에 없다. 오늘날 교회에 문제가 나타나는 이유는, 하나님께서 그분의 말씀에 따라 살아가도록 참된 민주적 제도를 주셨지만 (그 영향으로 대의 민주제도가 형성되고 전 세계로 확산되었다) 인간이 이를 오용誤用했기 때문이다.

그러면 어떻게 해야 하는가? 새롭게 의견을 내어 각 교회마다 정관을 정하고 우리 소견에 옳은 대로 하는 게 좋을까? 그렇게 하는 것이 당장은 좋아 보일 수 있다. 주님께서 시대마다 각기 다른 제도를 허용해 주실 거라고 생각해서 각 교회의 회중이 자신에게 적합한 형태를 취할 수 있다. 그러나 그렇게 되면 교회마다 각기 다른 규약과 형태를 갖게 될 것이다. 과연 그런 방향으로 나가는 것이 성경적인가? 그것은 닥친 현실에만 급급해서 관견管見으로 교회를 섬기는 것이라고 여겨진다.

현재 우리가 할 수 있는 가장 좋은 방안은, 조금 더 기다리면서 천천히 나아가는 것이다. 우선 각 교회의 거룩한 무리들聖徒이 제자리를 회복해야 한다. 또한 목사는 하나님의 말씀을 바르게 가르치는 교사의 역할을 회복하고, 장로는 모든 성도가 성경적 교훈에 따라 살도록 돕는 일에 전념하며, 집사는 교회 안팎에서 가난한 사람들을 돌보는 일에 앞장서고, 다른 모든 성도는 직분자를 따라 공동체 구성원으로서 마땅히 해야 할 일을 감당해야 한다. 그러면 우선 상당수의 문제가 해결될 것이다.

목사는 하나님의 말씀을 가르쳐야 한다. 다른 이들을 이 일에 관여시키지 말기 바란다. 또 교회 강단에서 오직 하나님 말씀만 선포해야 한다. 장로들도 배운 말씀에 따라 성도들이 바르게 살도록 돕는 일에 집중해야 한다. 이렇게 할 때 목사와 장로가 교회 재정을 관여하지 않음으로써 교회의 재정 문제가 투명해지고 그 결과 교회 공동체가 안고 있는 상당수의 문제가 해결될 것이다. 목사와 장로는 재정 집행에 대한 보고를 받되 계획과 집행 과정에 깊이 관여하지 않아야 한다. 그것은 집사들의 역할이기 때문이다.

또한 우리 모두는 교회 공동체의 여러 의견을 반영하는 데 걸림돌이 될 만한 것들을 제거해야 한다. 물론 각기 다른 목소리를 내는 것이 교회는 아니다. 각자 의견을 말할 수는 있지만 궁극적인 결론에 이르는 것은 우리의 의견이 아닌 하나님의 뜻이기 때문이다. 교회는 결국 하나님의 뜻과 성경의 가르침을 중심으로 운영돼야 한다.

한편 목사와 장로와 집사의 임기제 도입은 시도해 볼 만하다. 그동안 우리는 인간의 타락한 본성이 절대 권력을 추구하기 쉽다는 것을 자주 보아 왔다. 그러나 이것은 어디까지나 각 교단이 함께 논의하고 합의한 후에 시행해야 한다. 가령 어떤 직분이든 6년 정도 시무하고 1년간 안식년을 가진 뒤 교우들의 찬반 투표를 거쳐서 다시 시무하도록 하는 제도를 생각하면서 그것이 어떠할지 서로 의논하면서 각 교단 헌법에서 그런 안(案)을 시행하도록 허락할 때까지 기다리는 것이다. 그렇지 않고 각 교회가 각자 원하는 시기에 미리 시행한다면 교회마다 다른 제도를 갖게 되어 교단 내부의 통일된 최적의 방안을 마련하기가 어려워질 것이다.

'평신도', 사용 가능한 용어인가?

마지막으로 '평신도'라는 말을 되도록 사용하지 말아야 한다. 그것은 성직자와 성도를 구별하는 천주교적 사고방식에서 나온 말이다. 모든 성도는 하나님의 말씀에 따라 성도의 보편적 직임인 선지자, 제사장, 왕으로서의 역할을 잘 감당해야 한다. 또 하나님의 말씀을 궁구하여 그것을 현실에 어떻게 적용할 것인지를 성찰해야 한다. 또 주변의 믿지 않는 사람들을 위해 기도하고 그들의 삶을 돌보며, 자신과 온 피조계를 하나님의 뜻대로 다스려 이 땅에서 주님의 의도에 부합한 문화를 만들어 가도록 힘써야 한다. 그리고 각각 은사에 따라 목사로, 장로로 혹은 집사로 교회 공동체를 섬겨야 한다. 이런 특별한 직임들은 순전히 섬기기 위한 것이므로 직분자들은 자신을 그저 '일꾼들'(우리말성경이 잘 번역하고 있듯이)이라고 여겨야 한다. 상호간에 높고 낮음이 없이 교회 공동체를 함께 섬긴다는 의식으로 회복되어야 오늘날 우리가 겪는 문제들을 제대로 해결할 수 있다. 이런 의식이 없으면 교회 공동체는 일종의 권력 투쟁이 일어나는 곳이 되고 만다.

교회는 백성 중 일부가 나머지를 다스리는 기관이 아니라, 가장 민주적인 형태로 대표자를 뽑아 그 다스림에 복종하면서 결국 하나님의 뜻에 따라가기를 원하는, 하나님의 주권이 지배하고 하나님이 친히 통치하시는 공동체다.

> **• 한국 교회 변혁과 사회적 제자도 실현을 위한 33일의 기도 •**
>
> 온 세상과 교회의 주인이신 삼위일체 하나님, 오늘날 신약 교회 공동체가 어떻게 움직여야 할지 성경을 통해 구체적인 원리를 드러내 주시고, 우리 주 예수님이 이 세상에 다시 오실 때까지 교회 공동체에 있어야 할 직분이 무엇인지 구체적으로 명시해 주심을 감사합니다. 성경의 말씀을 따라 혹은 목사로, 혹은 장로로, 혹은 집사로 교회 공동체와 하나님을 섬기게 하여 주심도 감사합니다. 주께서 주신 이 원리를 존중하면서 이런 직부으로 또 서로 돕는 다른 직부을 만들어 주님을 섬길 때 우리의 마음이 주님의 의도를 잘 드러내는 것이 되게 하옵소서. 우리 주 예수 그리스도의 이름으로 기도합니다. 아멘.

교회의 리더십은
강력한 영향력인가?

 사람들은 오늘날을 촘촘한 그물망으로 연결된 world wide web 세계화 시대 global age 라고 하는가 하면, 어떤 지식이든지 빠르게 공유하는 정보화 시대 information age 라고 하기도 하고, 자본과 효율을 좇아 정처 없이 떠도는 유목민적 시대 nomadic age 라고도 하며, 절대 진리를 인정하지 않는 포스트모던 시대 post-modern age 라고도 한다. 이런 시대에는 절대적인 한 지도자가 없고 다양한 분야에서 활동하는 전문가들이 영향력을 과시한다. 그렇기 때문에 영향력을 잃기도 쉽다. 결국 지도자가 많기도 하고 또 한편으로는 지도자가 없기도 한 시대이다.

여러 종류의 사람들이 리더leader가 되고자 하는 양상은 타락한 인간 사회의 고질적인 모습이다. 포스트모던 시대는 이런 인간의 타락상이 좀 더 적나라하게 드러나는 시기라고 할 수 있다. 그리고 이런 시기에는 조금이라도 다른 성향을 보이는 사람이 나타나면 대중은 그를 비판하면서도 따라가려는 경향을 보인다. 예수님은 이 세상을 지배하는 원리가 그러하다고 이미 말씀하셨다:

> 이방인의 집권자들이 그들을 임의로 주관하고 그 고관들이 그들에게 권세를 부리는 줄을 너희가 알거니와(마 20:25).

이 세상은 권세 부리는 자들을 중심으로 돌아간다. 그런 까닭에 누구든지 리더가 되려 하지 팔로어follower가 되려고 하지 않는다. 요즘처럼 책을 읽지 않는 시대에도 리더십 관련 도서가 많이 읽히는 이유도 여기에 있다.

세상의 리더십과 달라야 한다

그리스도인과 교회도 자칫 세상이 추구하는 그런 영향력을 세상에 미치고 싶어 할 수 있다. 그러나 그러면 교회도 그리스도인도 망한다. 그것은 세상을 따라가는 세속화secularization이다. 교회가 이렇게 세상적 권세를 가지고 이 세상에 영향력을 미칠 때 그것은 이미 교회가 아니다. 그것은 겉보기에는 교회가 세상을 위해 일하는 것처럼 보이더라도 그것은 이미 교회가 아니다.

여기서 우리는 선택해야 한다. 만일 우리가 세상의 원리에 따라 힘을 가지고 세상에 영향을 미치고자 한다면 그에 맞서는 세상과 갈등할 수밖에 없다. 언젠가는 교회가 가진 힘을 뺏으려는 무리가 나올 것이기 때문이다. 그리고 이것은 교회가 힘에 의해 권세를 가지는 세상의 지배 원리를 인정하는 꼴이 된다. 그러나 예수님은 이렇게 말씀하셨다:

> 너희 중에는 그렇지 않아야 하나니 너희 중에 누구든지 크고자 하는 자는 너희를 섬기는 자가 되고 너희 중에 누구든지 으뜸이 되고자 하는 자는 너희의 종이 되어야 하리라(마 20:26-27).

이것은 이 세상을 움직이는 원리에 정면으로 반대하는 말씀이다. 그런데 예수님의 이 같은 가르침은 세상도 좋아하지 않지만 그리스도인들도 좋아하지 않는다. 그리스도인들은 왜 이 말씀을 좋아하지 않는가? 이 가르침은 약자들의 도덕이며, 사람들을 무력하게 만들어 결국 강자들로 하여금 이 세상을 주관하도록 내어 주는 것이기 때문이다.

교회의 영향력?

근래 교회는 교회가 영향력을 가질 때 세상을 변화시킬 수 있으며, 세상이 교회의 영향력을 무시하지 못하게 해야 한다고 생각하는 것 같다. 또 그리스도인들이 이 사회의 주류로서 그 영향력을 확대해 나가기를 바란다. 그런데 예수님은 과연 이런 모습을 어떻게 생각할까? 예수님이 이런 모습을 원하셨을까? 단언하건대 예수님은 결코 우리가 세상의 지배 원리를 인정하고 지지하기를 원하시지 않을 것이다. 우리가 예수님을 믿는 사람이라면, 또 그분의 말씀을 존중한다면, 왜 예수님이 섬기는 자가 되고 종이 되어야 한다고 하셨는지를 알아야 한다. 그리고 진심으로 이 말씀에 순종해야 한다.

그런데 여기서 매우 중요한 사실이 있다. 그것은 말씀대로 실천하기 위해 스스로 겸손하려 애쓰고 노력한다고 해서 세상에 진정한 평화가 이뤄지는 것은 아니라는 점이다. 예수님은 이런 식의 겸손과 자기 노력에 근거한 섬김을 통해 이 세상을 변화시키려 하지 않으셨다. 만일 그렇게 생각하는 사람이 있다면 그것은 자유주의적 기독교 이해를 가지고 있는 것이다. 구 자유주의old liberalism는 인간의 노력으로 이 세상을 바꾸어 더 온전한 세상을 이룰 수 있다고 믿었다.

그러나 예수님이 궁극적으로 염두에 두신 것은 자신이 이룬 십자가의 구속밖에는 이 세상의 문제를 해결할 길이 없다는 것이다. 그래서 예수님은 "인자가 온 것은 섬김을 받으려 함이 아니라 도리어 섬기려 하고 자기 목숨을 많은 사람의 대속물로 주려 함이니라"(마 20:28)고 말씀하셨다. 예수님은 자신이 인류의 대속물이 되어야만 인류가 구원받고 세상에서 일어나는 모든 문제가 해결된다는 것을 잘 아셨다. 이것을 진심으로 받아들일 때 우리들은 구원을 얻을 뿐 아니라 오직 예수님만 의지하며 살 수 있게 된다.

예수님이 나와 나를 둘러싼 환경을 해결하기 위해 이 땅에 오셔서 자기 목숨을 버리기까지 나를 섬기셨다는 것을 진심으로 아는 그리스도인은 세상을 지배하는 것이 아니라 세상을 섬기는 삶을 소망한다. 만일 그렇지 않다면 예수님을 진정 믿는 것이 아니며, 예수님이 이루신 사회 변혁을 인정하지 않는 것이다.

예수님이 택하신 사회 변혁의 방법이나 섬기는 자의 자리에 서는 것은 세상의 눈으로 보면 참으로 무력한 모습이 아닐 수 없다. 바울도 예수님을 믿는 일은 세상의 이치로 보면 미련한 짓이라고 말했다 고전 1:23. 많은 사람들이 십자가에 못 박히신 그리스도가 이 세상의 문제를 해결할 수 있다고 믿지 않는다. 절대적 진리라는 말을 거부하는 오늘날의 반응은 이미 오래전 사람들이 보인 반응의 연장이요, 변형일 뿐이다.

진짜 문제는 예수님을 믿는 사람들이 진정으로 예수님의 의도와 예수님께서 이루려 하신 변혁을 믿느냐는 데 있다. 그런데 오늘날 예수님을 믿는다는 사람들조차 예수님이 보여 주신 방식으로는 사람도 사회도 변화되지 않는다고 생각하는 경우가 많다. 그래서 세상을 바꿀 힘을 찾아 심리 요법을 찾는가 하면 그룹 다이내믹스 group dynamics 을 찾는다. 세상 사람들이 원하는 방식으로 바꿀 준비를 하고, 사회적 영향력을 배가시키고 증진시킬 수 있는 방안을 찾아 헤맨다. 이런 노력 앞에서는 예수님의 의도도, 성경의 가르침도 뒷전으로 밀려난다. 결국 우리는 예수님의 리더십을 따라가지 않고, 이런 저런 것들을 따르면서 스스로 지도자가 되어 지도력을 발휘하기 원하는 것이다.

진정한 기독교 리더십은 무엇인가?

그러므로 우리는 처음부터 끝까지 예수님만 의지하고 예수님만 따라야 한다. 다시 말해 예수님 외에 그 어떤 것도 따라서는 안 된다. 더 나아가 예수님을 믿으면서 플러스 알파를 바라는 공로 의식도 버려야 한다. 그저 철저하게 예수님만 의존하며 성경에 근거해서 세상을 살아야 하고 그런 믿음의 선배들을 본받아야 한다.

바울은 "내가 그리스도를 본받는 자가 된 것같이" 고전 11:1 라면서 바울 자신을 본받으라고 했다. 바울이 그런 것처럼 우리가 진정한 리더가 되는 길은 오직 그리스도만 따르는 것이다. 그런 점에서 기독교 리더십은 세상의 리더십과 천양지차로 다르다. 구체적으로 기독교 리더십은 무엇일까?

첫째로, 예수님께서 이루신 구원의 방도를 받아들이고 이를 세상 구원의 유일한 길로 믿는 것에 일체 양보와 타협을 하지 않는 것이다. 종교 다원주의religious pluralism와 내포주의inclusivism를 극복할 수 있는 길이 여기에 있다. 우리가 받아야 할 저주를 예수님이 대신 받아 죽으신 십자가만이 유일한 구원의 길이고, 이 세상이 살 수 있는 길이므로 오직 처음부터 끝까지 예수님만 따라가야 한다.

> 천하 사람 중에 구원을 받을 만한 다른 이름을 우리에게 주신 일이 없음이라(행 4:12).

그러므로 교회가 십자가를 양보하고는 어떤 리더십도 가질 수 없다.

둘째로, 그리스도와 하나님의 말씀인 성경이라는 특별 계시의 빛에서 이 세상을 해석해야 한다. 이때 기독교 리더십이 발휘된다. 여기에 모던주의modernism적 가르침과 포스트모던적 post-modernism 가르침을 극복할 수 있는 길이 있다.

셋째, 예수의 심정으로 세상과 사람들을 섬겨야 한다. 세상의 리더들도 섬김의 리더십을 보여 준다. 그러나 거기에 예수와 십자가가 빠지면 기독교적 리더십이 아니다. 예를 들어서 슈바이처Albert Schweizer, 1875-1965는 아프리카 사람들을 진심으로 섬겼다. 그는 세상의 모든 생명을 진심으로 섬기고자 했고 실제로 '생명에 대한 외경'a reverence for life을 가지고 살았다. 그러나 그는 예수님이 십자가에서 죽은 것은 그토록 기다리던 하나님 나라가 오지 않았기 때문이라고 말했다. 그는 십자가를 붙들고 세상을 섬긴 사람이 아니었던 것이다.

다시 한 번 강조하지만 섬김의 리더십이 기독교적이지 않은 경우도 많다. 슈바이처는 1952년 그의 인도주의적 삶을 인정받아 노벨평화상을 받았다. 그러나 그런 슈바이처조차 기독교적 섬김을 따르지 않았으니 세상이 우리를 따르기는 더 어려울 것이다. 그럼에도 우리는 그리스도인으로서 달리 선택의 여지가 없다. 성경에 제시된 예수님과 그런 예수님을 따라간 바울을 본받는 수밖에 없는 것이다.

그런데 안타깝게도 그리스도인들은 기독교 리더십을 말하기는 좋아하면서 삶에서 실천하기는 싫어한다. 우리가 세상의 리더들이 보여 주는 섬김에도 미치지 못한다면 세상에서 기독교 리더십이 설 자리는 없다. 우리는 기독교적 섬김을 이 땅에서 실현하기 위해 애써야 한다. 그럴 때 예수를 만난 순간부터 죽을 때까지 오로지 예수님만 따른 바울과 같은 사람이 될 수 있다.

스스로 리더가 되려는 사람은 성경에 비춰 봤을 때 진정한 리더가 아니다. 자신이 큰 바위 얼굴이라고 생각하지 않고 그런 사람이 나타나기를 기다리는 이가 도리어 큰 바위 얼굴이 되는 것이 성경이 가르치는 리더의 모습이다. 오직 그리스도만 바라보며 그를 닮고자 하는 사람만이 진정한 리더다. 바로 그런 리더만이 주님만 바라보며, 주님만 따라가기를 위해 기도한다.

> **● 한국 교회 변혁과 사회적 제자도 실현을 위한 33일의 기도 ●**
>
> 오늘도 우리를 이끄시는 삼위일체 하나님, 주께서는 창조와 섭리를 미리 계획하시고 당신의 놀라운 능력으로 작정하신 것을 모두 이루시고, 주의 백성 된 우리를 이끌어 주십니다. 그러므로 우리가 이 세상 살 동안 어떤 사람이나, 사상이나, 주장을 따르지 않게 하시고 오직 여호와 하나님만 올곧게 따르게 하옵소서. 우리를 충성스럽게 주님을 따르는 신실한 성도로 세워 주시고 세상 물결이 크게 몰아쳐 와도 요동치지 않게 붙잡아 주옵소서. 힘으로 다른 사람을 인도하려 하지 않고 온전히 주님을 따르는 모범으로 다 함께 주님께 나아가는 일에 힘쓰게 하옵소서. 잠잠히 여호와를 바라고, 인생의 길을 의미 있게 살도록 인도해 주옵소서. 예수님 이름으로 기도합니다. 아멘.

기독교 언론, 어떻게 변해야 하는가?

'기독교 언론' 하면 가장 먼저 떠오르는 매체가 있다. 바로 네덜란드의 아브라함 카이퍼가 편집장으로 출간한 주간지 *Heraut*와 일간지 *Standaard*다. 이 신문들은 기독교적 관점, 특히 개혁주의적 관점으로 종교와 정치, 경제, 사회, 문화, 예술 등 전 영역을 다루었다. 이 땅의 기독교 언론도 우리 사회의 모든 분야를 기독교적 관점에서 해석하고 평가하여 바른 시각을 제시할 수 있기를 기대한다.

그런데 각 분야를 기독교적 관점에서 해석하고 평가하고 바른 시각을 제시할 수 있으려면 먼저 역량 있는 전문가의 개발과 양성이 필요하다. 그런데 안타깝게도 아직 우리나라에서는

그런 역량을 갖춘 언론은 없다고 판단된다. 교계 뉴스만 전달하는 언론은 사실 교계 기관지와 다를 바 없어서 큰 의미가 없다. 그러므로 먼저 이런 인물을 찾고 세우는 일이 우리의 궁극적인 목표가 되어야 할 것이다.

그러나 그때까지 우리가 아무것도 하지 않을 수 없기에, 그런 웅대한 목표를 향해 나아가는 동안 지금의 기독교 언론이 유의해야 할 몇 가지를 언급하고자 한다.

어떻게 달라야 할까?

첫째, 기독교 언론사는 적어도 기독교의 정체성을 명확히 해야 한다. 가끔 기독교 언론사라고 표명하면서도 '오직 예수 그리스도 안에서만 구원이 있다'는 입장에 동의하지 않는 언론사를 발견하곤 한다. 이는 기독교 언론들이 넓은 의미에서 종교 다원주의적 이해를 가지고 있음을 단적으로 보여 준다. 또한 기독교 언론들이 배아복제처럼 사활을 걸고 비판하고 바른 시각을 제시해야 할 이슈에 대해서도 기독교적 생명관을 제시하지 못하는 것을 본다. 안타까운 일이다. 물론 우리들이 어떤 문제건 비판하고 평가할 때는 철저히 성경에 근거해서 제시해야 할 것이다.

둘째, 기독교 안에서도 서로 다른 견해를 보이는 문제가 있을 때는 최대한 공정하게 서로 다른 견해를 보도해야 한다. 그러나 공정한 보도라고 해서 성경에 근거하지 않은 견해나 성경을 잘못 해석한 견해까지 공정하게 보도하라는 것은 아니다. 이때는 공정성보다 기독교적 관점을 견지하는 것이 더 중요하다. 기독교 언론은 대중으로 하여금 기독교적 바른 관점을 갖게 할 책임이 있기 때문이다. 따라서 기독교 언론을 담당하는 사람이라면 최소한의 신학적 훈련을 받아야 한다. 그러고도 전문가들의 신학적 자문을 받아서 성경적 입장에서 기사를 작성해야 한다. 먼저 이런 것이 구축되어 있어야 서로 다른 견해를 공정하게 보도할 수 있고 바른 시각을 제시할 수 있는 역량이 생길 것이다.

셋째, 기독교의 수준을 낮추거나 잘못된 성경 해석을 많은 지면을 할애해 싣지 말아야 한다. 대개 광고나 후원 광고와 관련해서 이런 문제가 자주 일어난다. 누구든지 돈만 내면 언론 매체의 시간과 지면을 차지하는 일이 사라지지 않는다면 기독교 언론은 제대로 된 역할을 수행하지 못할 것이다. 또 대중도 그런 언론을 외면할 것이다. 기독교 언론은 가장 바르고 정순하며 수준 높아야 한다. 기독교계를 바르게 이끄는 사명이 있기 때문이다.

넷째, 따라서 이단과 관련된 사람이나 단체의 광고를 실어 주거나 그들의 주장과 생각을 지면에 할애해 주어선 안 된다. 기독교 언론은 누구보다 정확하게 이단을 연구해서 비판해야 하며, 이단이 기독교 언론에 접근하지 못하게 해야 한다.

다섯째, 기독교 기관의 비리나 잘못 등을 보도할 때는 그것이 궁극적으로 교회를 사랑하고 성경적인 교회로 나아가기 위한 비판이 되어야 한다. 자칫 비판을 위한 비판이 되지 않도록 조심해야 하는 것이다. 기독교 언론의 궁극적 목적은 교회를 바르게 하고 교회가 제 기능을 발휘하도록 하는 데 있기 때문이다. 그러므로 교회를 바른 방향으로 이끌도록 노력해야 한다.

여섯째, 성경에 근거한 참 교회와 참 그리스도인, 참 기관들을 찾아서 알려야 한다. 이름도 빛도 없이 묵묵히 주어진 사명을 다하는 그런 교회들과 기관과 그리스도인들을 알림으로써 교회와 그리스도인들이 가야 할 바른 길을 제시할 수 있어야 한다.

이 땅에 하나님의 나라를 위해 의미 있게 활동하는 기독교 언론이 많아지기를 진심으로 바란다.

• 한국 교회 변혁과 사회적 제자도 실현을 위한 33일의 기도 •

진정한 의사소통자이신 삼위일체 하나님, 우리도 주님을 본받아 제대로 의사를 전하고 받게 하옵소서. 주께서는 제대로 된 의사소통을 위한 모든 능력을 주셨는데 우리가 제대로 개발하지 못해 잘못된 전달을 합니다. 특별히 전문적으로 이 일을 하는 기독교 언론에서 일하는 종사자들에게 이 은사를 주시어 바른 역할을 하게 도와주옵소서. 정보를 왜곡하지 않게 하시고, 잘못된 분위기를 전달하지 않게 하시고, 금전에 유혹받아 진실을 외면하지 않게 도와주옵소서. 이런 모든 잘못된 일들을 구별할 수 있도록 성령께서 지혜와 힘과 능력을 주옵소서. 우리들로 하여금 잘못된 언론 기관을 분별하게 하시고, 그들로 진리의 무서움을 깨닫게 하옵소서. 그리하여 바른 기독교 언론이 나타나게 하옵소서. 예수님 이름으로 기도합니다. 아멘.

참으로 부활을 기념하는 부활절 행사인가?

 나는 매년 부활 주일이면 진심으로 예수님의 부활을 기념하는 날이 되었으면 하고 간절히 바란다. 그저 매년 맞는 절기행사가 되지 않기를 간절히 바라는 것이다. 매년 이토록 가장 부활 주일 같은 부활 주일이기를 바라는 것은 그만큼 오늘날 우리의 상황이 영적으로 병든 상황이기 때문이다. 오늘날과 같은 복잡다단한 사회에서 상당히 많은 교회가 하나님의 온전하신 뜻을 현저히 드러내지 못하고 있는데, 그것은 사실 매우 비정상적인 상황인 것이다. 그리고 그 근본 이유는 우리들이 영적으로 병들어 있기 때문이다.

그런데 부활 주일은 죄로 인해 영적 사망 상태에 있던 우

리를 대신해서 우리 죄에 대한 형벌을 받아 죽으신 예수 그리스도의 부활을 기념하는 날이다. 그리스도께서 영적 사망 가운데 있는 우리를 영적으로 살리기 위해 죽고 부활하신 것이다. 이런 부활 주일을 기념하는 우리는 어때야 하는가? 만일 영적으로 죽은 상태 혹은 병든 상태였다고 해도, 부활 주일을 기념하며 다시 살아나야 한다. 그런데 우리의 현실은 어떤가? 부활 주일 후에도 여전히 죽었거나 병들어 있다. 수많은 성도가 시청 앞 광장에 모여 예배드리고 부활을 기념하는 거대한 행사를 준비하지만 병든 우리의 영은 회복되지 못하고 있다. 이것이 얼마나 비정상적인가? 이것이야말로 영적으로 병들어 있다는 방증이 아니겠는가?

성경에는 죽었다가 살았다는 사람이 나온다. 구약성경에도 엘리사가 기도하여 아이를 다시 살린 일도 있고 왕하 4:32-37, 신약성경에는 예수님이 죽은 나사로 요 11:44와 나인 성 과부의 아들 눅 7:11-17, 그리고 백부장 야이로의 딸을 살리신 일이 있다 막 5:21-43.

그러나 예수님의 부활은 이들이 다시 살아난 사건과 상당히 다른 차원의 일이다. 이들은 다시 살아났어도 일정한 기간이 지난 뒤에 다시 죽었다. 그리고 이들의 다시 살아남이 다른 사람의 생명에 근본적인 영향을 미치지는 않았다. 단지 하나님의 놀라운 능력을 나타내는 일이었을 뿐이다. 그러나 예수님의 부활은 단순히 다시 살아난 것과는 차원이 다르다. 예수님의 부활은 한 번 살아서 다시는 죽지 아니하는 그런 부활이다. 또 그의 부활은 그대로 **종말론적** 사건이고, 그의 십자가 구속에 참여한 자들을 의롭다 하기 위한 부활이며, 영적으로 죽었던 자들을 다시 살리셔서 하나님 앞에서 산 자로 살게 하는 부활이다. 종국적으로는 예수님의 재림 때 그의 부활체와 같은 부활체를 입게 하시는 부활이다. 이를 좀 더 자세히 살펴보자.

부활의 진정한 의미

첫째, 우리가 기념하는 예수님의 부활은 그저 예수님 개인personal의 부활이기만 한 것이 아니요 공적인public 부활이다. 물론 예수님의 부활은 십자가에서 우리의 죄를 대속代贖하기 위해 죽으신 그 예수님의 개인적이고 인격적personal인 부활이다. 다른 사람이 아닌, 십자가에서 죽으신 바로 그분의 부활이다. 또한 그는 영으로만 살아난 것이 아니라 살과 뼈가 있는 몸으로 부활하셨다. 예수님의 부활은 동시에 현재 우리 영의 부활과 미래 우리 몸의 부활을 보증하는 부활이다. 그러므로 그의 부활은 그 부활 안에 있는 자들의 영적 부활과 몸의 부활을 보증하는 공적인 부활이다.

둘째, 그런 의미에서 예수님의 부활은 **종말론적 사건**eschatological event이다. 구약 시대에 종말에 일어나리라고 한 일이 예수님의 다른 사건에서와 같이 그의 부활에서도 일어난 것이다. 그러므로 십자가 사건과 같이 부활 사건도 종말론적 사건이다. 그러나 종말 사건이 일어났음에도 그것이 세상의 끝을 의미하지는 않았다. 부활은 이미 세상에 종말이 임했음을 알리는 종말론적 사건이었으나 아직 마지막은 이르지는 않은 '이미'와 '아직' 사이에 일어난 사건이다. 그런 의미에서 예수님의 부활은 신약성경적 의미의 종말론적인 사건이다.

셋째, 그러므로 이런 종말론적 부활에 참여하고 있는 우리는 지금 그리고 여기서here and now, 이미 '영혼의 부활'을 경험한 것이다. 그러므로 우리는 우리 영혼이 하나님께 대하여 산 자로서롬 6:11 살아야 한다. 영혼이 산 자답게 사는 사람은 그리스도의 부활을 믿는 사람이다. 다시 말해, 그리스도의 부활을 믿는 사람은 영혼이 죽어 있거나 병들어 있을 수 없다. 영혼이 살아 있는 사람은 그리스도의 부활을 기념하는 부활 주일을 그저 흔한 절기행사 중 하나로 냉랭하게 보낼 수 없다.

영혼이 산 사람은 하나님의 뜻에 민감하게 반응하며 살아간다. 하나님이 살라고 하신 그 뜻을 수행하며 하나님의 일을 이루는 사람으로 살아간다. 그러므로 그는 이웃을 진정으로 사랑하는 사람으로 산다. 이것이야말로 부활 주일을 가장 의미 있게 보내는 모습이다.

그리스도의 부활은 생명을 살리는 하나님의 생명운동이다. 그러므로 영혼이 살아 있는 사람은 하나님의 이 생명운동에 동참한다. 어려움을 당한 수많은 사람들을 하나님의 사랑으로 섬기는 것이 이 생명운동에 동참하는 방법이다. 그리고 그것은 예수님의 부활을 강력하게 증언하는 것이다.

넷째, 우리에게 부활 주일을 기념하는 것이 의미 있는 이유는, 예수님이 재림하실 때 우리가 최종적으로 몸의 부활을 경험할 것이기 때문이다. 다시 말해 부활 주일은 몸의 부활을 기다리고 예수님의 재림을 기대하는 날이다. 따라서 부활 주일에는 장차 예수님의 재림 때에 이루어질 우리 몸의 부활에 대한 확신과 그에 근거한 삶의 태도를 분명히 해야 한다. 그것이야말로 우리가 세상에 살면서 그리스도의 부활을 실제로 나타내는 일이다. 그것이 우리를 그리스도인으로 살게 할 뿐 아니라, 부활을 소망하는 가운데 살게 한다.

이런 부활의 의미는 단순한 말이 아니라 삶과 삶의 태도에서 드러나야 한다. 부활 주일에 부활절 달걀(easter egg)을 전해도 좋고, 부활절 카드를 전해도 좋고, 부활의 메시지를 전하는 편지를 전달해도 좋다. 그러나 거기에 부활 생명을 담은 사랑이 빠졌다면 그것은 아무것도 아닌 것이다. 아무리 커다란 행사로 치러진다고 해도 그저 영혼 없는 절기 행사일 뿐이다.

교회와 그리스도인은 하나님의 사랑으로 이루어진 생명운동을 세상에서 전개할 책임이 있다. 무엇보다 부활이 가진 의미가 우리 삶에서 드러나야 한다. 십자가와 부활의 빛이 매일, 매 순간 부활 생명의 약동(躍動)으로 나타나야 한다.

> **• 한국 교회 변혁과 사회적 제자도 실현을 위한 33일의 기도 •**
>
> 부활하셔서 생명의 주관자 됨을 만방에 선언하신 예수님, 주님의 부활로 인해 우리가 온전한 구속에 동참하며, 그 약동하는 부활 생명으로 살게 하심을 감사합니다. 매 주일 우리로 하여금 안식 후 첫날 주님의 부활을 기념하게 하시고, 이로 인하여 지금 이 영생을 향유하게 하시니 감사합니다. 날마다 주님의 부활 생명을 향유하는 자로서 주님의 뜻을 추구하며 살고, 주님이 다시 오실 때 주님과 같은 물리적 부활을 경험하게 하소서. 살아서는 부활의 생명에 참여하고, 죽어서는 하늘나라 낙원에 있다가 주님의 재림 때에는 하나님 나라, 그 영광의 왕국을 상속케 하심이 우리에게 큰 복입니다. 이런 영광으로 이 세상 살 때에 죄악과 고난을 다 이기게 도와주옵소서. 예수님의 이름으로 기도합니다. 아멘.

영성은 훈련으로 깊어지는가?

오늘날 영성 spirituality 에 대한 관심이 높아지면서 영성 형성 Spiritual formation 이니 영성 훈련이니 하는 말들이 많이 사용되는 것과 동시에 여러 영성 훈련 방안이 제시되고 있다. 하나님 앞에서 바로 살고자 애쓰는 사람들은 누구나 이런 문제에 깊은 관심을 기울인다. 하나님을 사랑하고 하나님의 뜻대로 살기를 원하는 사람들이 하나님 앞에서 바른 삶을 살기 위해 애쓰는 것은 지극히 당연한 일이다. 그런 마음이 들지 않는다면 그는 하나님을 사랑하는 사람이라고 말하기 어려울 것이다. 그러므로 오늘날 영성에 대한 관심이 높아지는 것은 어떤 면에서는 그만큼 하나님을 사랑하는 사람이 많다는 증거이기도 하다.

그러나 인간의 마음은 뿌리 깊이 부패해서 때로 가장 선한 것에도 가장 악한 것이 섞여 있곤 한다. 따라서 우리는 하나님을 갈망할 때도 우리 마음대로 해선 안 된다. 성경이 가르치는 대로 해야 한다. 이것이 '오직 성경만'*sola scriptura* 을 외친 개혁자들의 의도였다. 그러므로 영성의 문제에 있어서도 인간의 경험이 축적되는 것을 중심으로 생각하고 실천하는가, 아니면 성경이 가르치는 것을 중심으로 하는가가 매우 중요하다. 만일 영성을 논함에 있어 성경을 중심에 놓지 않는다면 심각한 문제를 일으킬 것이다.

물론 성경의 가르침에 충실하면서 우리의 경험을 성경에 비춰 확인하고 확증해 나갈 수는 있다. 그것은 옳고 선한 것이다. 그럼에도 어느 한 순간이라도 우리의 경험이 말씀에 앞서서는 곤란하다. 언제나 주도권은 하나님과 그의 말씀인 성경에 있어야 한다. 따라서 영성을 형성하고 발전시키는 데 있어 성경의 가르침이 궁극적 판단의 근거가 되어야 한다.

이 원칙을 근거로 그동안 많은 사람들이 제시한 영성 형성과 훈련 방안들을 자세히 살펴보면 인위적이고 작위적인 것들이 상당히 발견된다. 심지어 오직 성경을 중심으로 살고자 한

청교도들에게서도 그런 것들이 발견된다.

영성 형성에 힘쓰던 사람들 중에는 영성 훈련에 유일한 방법은 없다고 말한다. 그럴 수밖에 없는 것이 하나님이 진정으로 원하는 사람이 되는 일은 삼위일체 하나님, 특히 성령님께서 하시는 일이지 사람이 하는 일이 아니기 때문이다. 성령님께서 은혜를 베풀어 주실 때 우리는 열심히 성경을 읽고, 기도하고, 묵상하는 시간을 가질 수 있다. 물론 성령님께서 은혜를 주실 때 우리가 그 은혜에 따라 살아야 이 같은 열매가 나타날 수 있다. 때로 성령님의 은혜 없이도 다른 사람이 힘쓰는 바를 따라 하다가 자연스럽게 성령님의 은혜가 주어지기도 한다. 그러나 그때에도 사람이 그렇게 했기 때문이 아니라 하나님의 말씀이 은혜의 방도로 작용하여 사람을 변화시킨 것이다.

따라서 영성의 형성과 영성의 훈련을 위해 어느 한 가지 방법만 주장하는 것은 잘못된 것이다. 더구나 성령님의 은혜 없이 방법만 치중하는 심각한 오류를 범할 수 있다.

기도는 공로가 아니다

그렇다면 우리는 무엇을 할 수 있는가?

개혁신학적 전통을 따르는 교회들은 통상적인 은혜의 방도를 강조해 왔다. 통상적 은혜의 방도란, 첫째 하나님의 말씀인 성경과 이를 풀어 설명해 주는 설교와 둘째 성례, 셋째 기도를 말한다.

하나님의 말씀인 성경이 은혜의 가장 기본적인 방도라 해도 그저 성경만 읽는다고 은혜가 주어지고 영적으로 성장하는 것은 아니다. 하나님과 깊이 교제하며 말씀 속에서 하나님의 뜻을 발견하고 그 뜻에 따라 삶을 복종시키려 할 때 영적 성장이 이뤄지는 것이다. 그러므로 주께서 성경을 열어 뜻을 보여 주시기를 간절히 기도한 후에 역시 기도하는 마음으로 성경을 읽고, 그 뜻을 묵상하며, 묵상한 것으로 다시 기도하고 구체적인 내용으로 적용하는 것이 항상 필요하다.

베네딕트 수도원의 전통을 따른 '거룩한 읽기'$_{lectio\ divina}$의 방식이라는 것이 있다. 읽기$_{lectio}$, 묵상$_{meditatio}$, 기도$_{oratio}$, 관상$_{contemplatio}$이 그것이다. 이 중 '관상'은 심각한 문제를 지니고 있고, 대개 이런 식의 방식 제시에는 여러 가지 구체적인 제안들이 따라 나오게 된다. 제안을 하는 사람이나 제안을 받는 이가 그런 방식에 관심이 많기 때문이다. 이 모든 것은 사람의 경험에서 나온 것으로 그런 대로 사용할 만하지만, 그것으로 사람들을 훈련시키는 것은 사실 무의미하다. 왜냐하면 때로는 주께서 그런 방식과 전혀 다른 새로운 방식으로 은혜를 베풀어 사람을 중생시켜 변화시키고, 이미 중생한 사람은 더 온전케 하실 수 있기 때문이다. 그러므로 어떤 방식을 절대화하거나 그런 방법을 통해 영성을 갖고자 하는 것은 사실 더 영적이지 않다. 영적인 것을 육체적인 방식으로 전환할 위험이 있기 때문이다.

성례가 은혜의 방도라고 말할 때도 기계적으로 성례를 집행하면 그 자체가 은혜가 되지 않는다. 그것은 오히려 천주교회적 이해다. 성령님께서 성례를 사용하여 은혜를 베푸시는 것이므로 헌신하는 믿음으로 성례에 참여해야 하는 것이다.

또 기도를 은혜의 방도라고 말할 때도 결국은 그 과정에서 말씀의 의미를 깨닫게 하시고 구체적인 상황에 적용할 수 있도록 하시는 성령님의 사역이 중요하다. 그것을 잊고서 기도를 많이 하면 그것이 공로가 되어서 어떤 일이 발생하는 것처럼 말하는 것은 영으로 시작했다가 육으로 마치는 것이 된다. 하나님의 참된 백성들은 항상 기도에 힘쓰는 것이 당연하다. 기도를 많이 한다고 공로가 되는 것은 아니다.

은혜는 항상 성령님께 자신을 온전히 헌신_surrender_ 할 때 주어지는 것이다. 물론 온전히 헌신하는 것 역시 영성을 위한 방도는 아니다. 모든 것을 내 힘으로 하려 하지 않고 성령님께 온전히 맡기는 것은 그리스도인의 바른 자세다. 그것이 공로가 되어서는 안 된다.

개혁파적 전통에 따르면 일차적으로 교회 공동체 내에서 영적 성장이 중요하다. 함께 예배하고, 함께 성경을 공부하면서, '같은 정신'과 '같은 세계관'을 가지는 일이 일차적으로 필요하다. 개인적으로 성경을 읽고 기도하는 것은, 공동체에서 함께 공부한 것을 반복적으로 성찰하고 적용하는 것으로, 사실 그것도 '공동체적 활동의 한 부분'이어야 한다.

정상적인 교회는 모든 성도가 함께 예배하고 함께 성장해 가면서 믿음의 분량을 이룩하게 된다. 그리고 이것이야말로 하나님이 원하시는 진정한 영성 형성이고 영성 훈련이다. 부디 한국 교회가 이런 공동체가 되길 바란다.

> • 한국 교회 변혁과 사회적 제자도 실현을 위한 33일의 기도 •

모든 영의 아버지이신 하나님, 우리들을 영적으로 다시 살게 하시어 하나님과 바른 관계로 나아오게 하시니 감사합니다. 오직 십자가의 구속으로만 이런 일이 있을 수 있음을 주의 계시로 바르게 알고 믿습니다. 우리로 하여금 철저히 성경의 계시에 근거하여 주님을 섬기게 하시며, 하나님과의 바른 관계인 영성이 정상적이고 건강한 모습을 지니게 하옵소서. 우리 주변에는 잘못된 영성 운동이 너무 많습니다. 우리를 불쌍히 여겨 주옵소서. 우리로 하여금 잘못된 시도에 현혹되지 않고 하나님과의 바른 관계 안에서 주께서 의도하신 영성을 보존하고 발전시켜 나갈 수 있도록 도와주옵소서. 우리 주 예수 그리스도의 이름으로 기도합니다. 아멘.

― 제2부 ―

세상 속의 영적 함정

• • •

경제 위기는 왜 영적 위기인가?
'배아줄기세포를 이용한 연구', 하면 안 되는 이유
'성형'에 숨은 함정
양심적 병역 거부, 어떻게 볼 것인가?
이주 노동자를 위한 교회의 역할은 무엇인가?
일본의 역사 왜곡 앞에서
책임지는 사회를 위한 그리스도인의 역할은?
특권층의 비리를 없애는 방법
동성애 반대가 차별인가?
사형제 폐지를 막는 하나님의 뜻
하나님과 함께하는 생명운동

경제 위기는 왜 영적 위기인가?

온 세상이 경제 문제로 신음하고 있다. 이제 경제는 어느 한 나라에서 위기가 발생하면 곧 모든 나라에 영향을 미칠 만큼 지구촌 전체의 문제가 되었다. 몇 년 전 발생한 미국의 '비우량 주택 담보 대출'로 인한 금융 위기는 미국을 넘어 우리나라에까지 심각한 영향을 미쳤었다. 아침 뉴스에서 어느 나라 경제가 위험하다 하면 곧 우리에게 닥칠 위기를 걱정하는 시대가 된 것이다. 금융권 위기가 금세 실물경제에까지 영향을 미치는 것을 보면서 우리는 20세기 초 미국이 겪은 대공황부터 얼마 전 우리가 겪은 IMF까지 떠올리게 된다.

경제 위기의 원인이 너무 다양하고 규모도 커져서 수많은 경제학자들이 저마다 그 이유와 해법을 내놓지만 어느 것 하나 명쾌한 답은 아닌 듯하다. 그럼에도 많은 경제학자들은 지금도 경제 위기를 부른 원인과 해법을 찾는 지난한 연구를 계속하고 있다. 당연히 경제학으로 부름 받은 사람들은 분명한 답을 찾을 때까지 부단한 연구를 해야 할 것이고, 우리는 우리 나름대로 경제학자들이 분석한 내용을 바탕으로 바른 판단을 하기 위해 노력해야 할 것이다.

예를 들어, 미국의 '비우량 주택 담보 대출'로 인한 금융 위기는 리먼 브라더스를 비롯한 여러 금융기관을 파산시켰고, 수많은 사람들의 일자리를 제공하는 포드 자동차나 GE의 위기를 가져왔다. 실제로 이로 인해 파산한 기업들도 있다. 미국의 금융 위기는 월가_Wall Street_가 계속되는 호황을 믿고 무모하게 투자를 부추김으로써 금융권에 거품이 일어난 것이 그 원인으로 지적되고 있다. 이번 사태로 특히 스탠퍼드 같은 기업은 기업 운영을 비도덕적으로 한 것이 드러나 책임자들이 구속_拘束_되기도 했다. 한편, 금융권이 부추긴 거품에 미국은 물론 전 세계가 휘청거린 데는 수많은 사람들이 탐욕을 좇아 게걸스럽게 달려든 까닭이다. 이를 통해 우리가 배워야 할 것이 무엇인가?

과연 돈을 좇아 탐욕스럽게 움직이는 이 무리들 속에 그리스도인은 없는가? 사실 우리는 모든 문제는 경제 문제로부터 시작되며 따라서 경제 문제만 해결되면 모든 게 다 해결될 것이라는 생각을 무의식중에 하고 있다. 실제로 1992년 미국 대선에서 클린턴은 "바보야 문제는 경제야!"라는 구호로 대통령에 당선되기도 했다.

많은 사람들이 경제 위기의 근본 원인은 '인간의 탐심'이라는 데 의견을 같이한다. 여기에는 경제학자들도 예외가 아니다. 그런 점에서 우리 그리스도인은 경제 위기를 단순히 살림살이의 문제로 볼 것이 아니라 심각한 위기로 받아들여야 한다. 많은 사람들이 경제 문제로 너무 많은 고통을 받고 있다는 것은 매우 안타까운 일이다. 그러나 한편으로 탐심이 문제의 근원이라는 지적이 공론화되는 상황은 어쩌면 우리에게 기회가 될 수도 있다.

경제 위기는 영적 위기다

그동안 기독교는 십계명의 마지막 말씀과 성경 전체의 사상에 비추어 인간의 가장 심각하고 근원적인 문제가 탐심이라는 것을 계속해서 지적해 왔다. 그러나 세상은 도무지 이 말씀에 귀 기울이지 않았다. 심지어 그리스도인들조차 '탐심'이 인간 존재의 가장 근원적인 문제 중 하나라고 설교를 통해 경고 받았음에도 '그 귀를 돌이켜' 잠 28:9 그에 근거한 삶을 살지 않았을 뿐 아니라 귀 기울여 듣지도 않았다. 그런데 이제 세상이 우리의 탐심이 모든 문제의 근원이라는 성경 메시지를 소리 높여 외치고 있다.

따라서 우리는 이 성경적 메시지를 마음속 깊이 새기고, 이를 듣지 않으려는 사람들에게 전해야 한다. 우리가 계속해서 자신의 탐심을 따라 살며, 그 탐심을 확대해 간다면 지속적으로 더 큰 문제 속으로 들어갈 수밖에 없음을 전해야 하는 것이다.

어떻게 할 것인가?

첫째 우리 마음속의 탐심을 버리고,
둘째 탐심을 버리고 경제생활을 하며,
셋째 경제활동을 통해 생긴 이득 중 얼마만큼은 어떤 방식으로든지 스스로 경제 문제를 해결할 수 없는 사람들에게 사용해야 한다. 기업이라면 생산 활동을 통해 생긴 이득을 재투자하고 장학 사업이나 사회봉사 사역을 하면 좋을 것이다. 개인이라면 봉사활동을 하거나 물질적인 지원을 하면 좋을 것이다.

신약성경은 이 원리를 잘 가르치고 있다. 실제로 초대교회 공동체는 이런 방식으로 재화를 사용했다. 그러므로 우리가 제시하고자 하는 경제와 관련된 문제와 해결 방안은 요컨대 성경적 가르침으로 돌아가자는 것이다. 우리가 그리스도인으로서 진정한 교회 공동체를 이 세상에 제시할 수 있을 때 세상은 우리가 전하는 이야기에 귀 기울일 것이다. 우리가 하나님의 부름을 받은 특별한 정체성을 드러내 보이지 못한다면 세상은 우리가 아무리 바른말을 해도 전혀 귀담아듣지 않을 것이다.

언제부터인가 모든 사람들이 '경제 위기'를 말하고 있다. 이것은 한편으로 세상이 인간의 탐심으로 인해 경제 위기가 왔다는 우리의 말에 최소한 귀 기울일 준비가 되었다는 뜻이기도 하다. 다시 말해 지금은 기독교적 메시지를 전달할 때다. 엄밀히 말하면 복음 전파와 기독교 메시지를 전달할 기회다. 안 그래도 우리는 때를 얻든지 못 얻든지 복음 전파에 힘써야 하는 사람들이지 않은가.

그런데 한 가지 우려되는 점은, 경제 위기가 완화되면 곧 탐욕에 근거한 자기 추구_self-seeking_를 할 것이라는 점이다. 이것은 그리스도인도 예외가 아니다. 아니 어쩌면 지금도 교회 안에서 그런 자기 추구가 일어나고 있는지도 모른다. 심지어 하나님의 이름과 그리스도의 이름을 팔면서까지 자기 추구와 자기 사랑 amor sui이 교회 안에서 일어난다면 세상에서 우리는 어떤 성경적 메시지도 외칠 수 없게 된다. 이것은 경제 위기보다 더 심각한 영적 위기일 것이다.

그리스도인인 우리는 무엇보다 우리를 위협하는 경제 위기의 근본 문제가 부패한 인간성에서 비롯된 탐욕이라는 사실을 직시해야 한다. 그리고 성령에 의지해 그 탐욕을 물리쳐야 한다. 이를 위해 이렇게 기도해 보자.

> ● 한국 교회 변혁과 사회적 제자도 실현을 위한 33일의 기도 ●
>
> 주님, 우리 마음속에 깊이 뿌리 박혀 있는 이 탐욕을 제거해 주십시오. 우리가 전하는 바 복음이 요구하는 진정한 인간성의 구현자 embodiment로 살게 하옵소서. 우리 주님의 십자가 구속만이 우리를 변화시킬 수 있으며, 이를 우리에게 적용하시는 성령님의 능력만이 우리로 하여금 성경의 가르침을 따르게 하실 줄 믿습니다. 주님, 우리가 탐욕을 버리고 복음이 요구하는 삶을 살아감으로 세상을 향해 감히 그런 삶을 전할 수 있도록 도와주옵소서. 예수 그리스도의 이름으로 기도합니다. 아멘.

'배아줄기세포를 이용한 연구', 하면 안 되는 이유

2009년 4월 29일 대통령 직속 국가생명윤리심의위원회는 2008년에 차병원연구책임자 정형민 차바이오앤디오스텍 사장 겸 차의과학대학 교수이 연구 심사를 요청한 인간 체세포 복제 방법으로 인간 배아를 만들어 줄기세포를 추출하려는 배아줄기세포 연구 계획을 승인했다. 이날 심의위원회는 승인에 앞서 다음의 네 가지 조건을 충족할 것을 요구했다.

첫째, 연구 내용에서 "구체적인 질병을 치료할 수 있다"고 한 부분을 완전히 삭제하고 대신 연구 명칭을 '줄기세포주 확립 연구'로 변경함으로써 배아줄기세포 연구에 대한 과도한 치료 기대를 불러일으키지 않도록 주의하라.

둘째, 기관생명윤리위원회(IRB)에 생명 윤리 전문가를 보강하여 기관생명윤리위원회 구성의 공정성을 제고하라.

셋째, 과거에 받았던 난자 기증 동의를 모두 다시 받아라.

넷째, 우선 동물실험 위주로 실험을 진행해 인간의 난자 사용량을 최소화하라.

심의위원회의 이 같은 결정에 따라 황우석 박사의 연구논문 조작 사건으로 중단됐던 체세포 복제 방식을 사용한 배아줄기세포주 수립에 관한 연구가 다시 재개될 수 있게 되었다. 이 연구 계획을 신청한 연구 책임자인 차병원의 정형민 교수는 한 인터뷰에서 "불임 치료 과정에서 잉여로 생산되는 난자나 배아가 결국엔 의료법상 적출물 처리에 의해 폐기될 수밖에 없는데 이런 잉여 난자나 배아를 가지고 다른 환자를 살릴 수 있는 기술을 개발하려는 것"이라고 설명했다. 다시 말해 수정에 실패한 난자나 수정에 이용하지 못할 정도로 상태가 불량한 난자 300개로 핵융합 조건과 핵이식 조건, 배합 발생 조건 등을 확립하는 연구를 하겠다는 것이다. 그리고 나서 실제 체세포 복제 줄기세포는 (시험관 아기를 거쳐 임신과 출산이 완료된, 따라서 더 이상 난자 사용을 원치 않는) 불임 환자로부터 냉동 보관된 난자 500개를 기증 받아 만들겠다는 것이다. 이는 황우석 박사가 일반인의 신

선한 난자를 기증 받아 연구함으로써 제기된 생명 윤리 문제에서 조금 가벼워지겠다는 의도다.

그는 "근본적으로 윤리적 한계를 극복할 수는 없겠지만 최대한 연구 윤리를 지켜 가면서 연구하겠다"고 말했다.

차병원 외에도 제주대 줄기세포연구센터의 박세필 교수 팀 등 7개 연구기관도 연구 승인을 신청할 계획이어서 국내 과학자 간에 연구 경쟁이 불붙을 것으로 보이거니와, 암묵리에 그런 시도를 계속해서 해 왔다.

특히 2013년 5월 미국 오리건 대학교의 미탈리포프 교수 팀이 태아의 피부세포를 핵이 제거된 난자에 융합해 복제배아를 만든 후 여기서 배아줄기세포를 얻는 데 성공하자, 국가가 정책적으로 배아줄기세포 연구를 지원해야 하는 것 아니냐는 목소리가 나오고 있다.

배아줄기세포 연구를 용납해선 안 되는 이유

배아줄기세포를 이용한 연구에 대해 그리스도인들은 과연 어떤 태도를 가져야 할까?

첫째, 배아줄기세포주 수립에 의해 과연 인간의 난치병이 치료될 수 있는지를 심각하게 물어야 한다. 현재까지는 체세포 복제 방식으로 인간 배아줄기세포주를 수립한 일도 있고 이를 가지고 직접 인간의 신경세포나 근육세포, 혈액세포, 심장세포 등을 만들어 낼 수는 있지만, 성공률이 0.5% 정도로 매우 적고 이를 인간에게 주입해서 난치병을 치료한 예는 아직 단 한 건도 없다. 동물에 대한 임상을 거쳐 안정성을 확보한 후에 인간에게 적용하겠다고는 하지만 지금까지 동물실험에서도 성공보다는 의도하지 않은 암이 발생하는 등 완전하지 않은 결과를 얻었을 뿐이다. 한 번도 성공한 일이 없는 실험을 가지고 곧 인간의 난치병도 극복할 수 있다는 식으로 과장하는 것은 위험해 보인다.

둘째, 이런 실험의 대상이 되어 죽어 가는 수많은 인간배아가 생명임을 아주 강하게 지적해야 한다. 물론 인간배아를 생명체로 보는 그리스도인과 인간배아를 생명체로 보지 않는 세상의 견해가 상당히 부딪칠 것이다.

그리스도인은 모든 생명의 주관자이신 하나님의 관점에서 이미 생명체인 인간배아가 무수히 폐기되는 이 같은 연구를 용납해선 안 된다. 불임 치료를 위해 인간배아를 만든다고는 하지만 이 과정에서 무수히 많은 잉여 배아들이 폐기되기 때문이다. 배아가 생명체가 아니기 때문에 폐기해도 문제될 게 없다고 여기는 세상의 관점을 우리는 도무지 동의할 수 없다.

셋째, 황우석 교수 사태 때도 온 세상을 경악하게 한 바와 같이 이 연구를 위해 얼마나 많은 난자가 사용되어야 하는지를 분명히 밝혀야 한다. 이미 사용할 수 없게 된 난자를 기증자들의 허락을 받아 사용하겠다고는 하지만, 그 수가 수백 개에 달하고 그 많은 난자로 배아줄기세포주를 만들어 낸다면 이 또한 경악할 일이다. 이미 동결된 난자라도 엄연한 난자이며, 무엇보다 이같은 난자 사용이 앞으로 어떤 문제를 일으킬지 알 수가 없다. 분명한 것은 이 같은 연구가 여자의 몸과 여성 자체를 비하하는 결과를 가져올 것이다.

우리의 결론

배아줄기세포 연구는 인간 생명을 무시하고 유린하는 연구다. 생명체인 인간배아를 수없이 폐기하면서 불치병에 걸린 사람을 치료하겠다는 말 자체가 어불성설이지 않은가? 그리스도인은 어떤 생명 경시도 용납해선 안 되며, 이 같은 일이 일어나지 않게 하기 위해 앞장서야 한다.

• 한국 교회 변혁과 사회적 제자도 실현을 위한 33일의 기도 •

온 세상과 생명의 주관자이신 하나님, 하나님께서 세우신 이 세상의 질서를 찾아내고 연구하는 자연과학자들을 주셔서 감사합니다. 특히 인간 생명의 신비를 밝히고 병을 연구하여 치료 방법을 찾는 의학자와 의사 선생님들을 주셔서 감사합니다. 이 분들의 연구가 생명의 주인이신 하나님의 의도를 따르게 하여 주옵소서. 인간의 수정란과 배아를 파괴하는 연구가 되지 않게 도와주옵소서. 정자와 난자가 수정되는 순간부터 이미 생명임을 알아 진정 인간 생명을 존중하는 형태의 의학적 연구가 되도록 연구자들의 심령을 인도해 주시고, 이런 생명을 존중하는 연구에 기금도 마련되게 도와주옵소서. 십자가의 구속으로 우리에게 영원한 생명을 주신 우리 주 예수 그리스도의 이름으로 기도합니다. 아멘.

'성형'에 숨은 함정

　　　　　　　　　　　　　의학의 발전은 우리 생활에 유익도 주지만 깊이 생각해 봐야 할 거리를 제공해 준다. 의학 기술은 다른 모든 과학 기술과 마찬가지로 그 자체로 좋고 나쁘고를 가치 판단할 수 없다. 다만 그것을 어떻게 사용하느냐에 따라 좋고 나쁘고의 희비가 갈린다. 가령 원자력은 오용하면 원자폭탄과 같이 아주 위험한 무기가 되지만 잘 활용하면 암 치료나 에너지 등의 유익을 가져다준다.

　　성형 기술도 수많은 과학 기술의 하나다. 10년 전만 해도 화상 등으로 심각한 외상을 입었을 때 성형 기술이 발달하지 않아 수차례 수술을 받고도 완치하기까지 고생을 많이 해야 했다.

그러나 지금은 사고로 인한 손상 외에도 타고난 기형까지 성형수술을 통해 고치고 있다.

그러나 한편으로 성형 기술의 발달은 예상치 못한 사회 현상을 불러일으키고 있다. 치료를 목적으로 성형수술을 하는 것이 아니라 예뻐지기 위해 성형수술을 하는 것이다. 요즘은 남자들도 취업 면접을 앞두고 성형을 고민하는 경우가 있다고 한다. 외모지상주의가 팽배하다 보니 못생긴 외모로 인한 콤플렉스에 시달리느니 성형으로 자신감을 회복하자는 생각이 세대를 초월해 공감을 얻고 있다.

과연 그리스도인은 이 문제를 어떻게 바라봐야 하는가?

외모로 사람을 판단하고 인간관계의 첫 단추를 끼우는 외모지상주의 사회에서 성형수술이 유행하는 것은 당연한 현상이다. 더구나 인간의 미적 추구는 본능적인 것이어서 성형해서 아름다워지겠다는 욕구를 비난할 수는 없다. 그럼에도 불구하고 성형 중독이라 할 만큼 외모에 지나치게 집착하는 것은 문제다. 특히 그리스도인들은 바른 성경적 관점을 가지고 이 같은 사회 현상을 바라보고 비판할 수 있어야 한다.

성경은 하나님은 사람의 외모를 보지 않으신다고 말하고 있다. 물론 여기서 외모란 단순히 얼굴이나 신체를 가리키는 말이 아니다. 그 사람의 학벌, 재산, 신분 등 외적인 조건 모두를 뜻한다. 하나님은 그 사람이 가지고 있는 배경이나 외모를 보지 않으신다. 하나님은 우리가 가진 조건에 상관없이 우리 자체를 사랑하시는 분이다.

성경은 하나님이 외모로 우리를 판단하시지 않듯이 우리 역시 외적인 조건으로 사람을 판단하지 말라고 권면한다. 성경은 더 나아가 외적인 용모나 조건으로 사람을 판단하는 것을 죄라고 인식한다. 그러므로 그리스도인은 그 사람의 배경이나 조건으로 판단하는 이 세상의 풍조를 따라가서는 안 된다. 남에 대해서뿐 아니라 자기 자신에 대해서도 그래야 한다. 다시 말해 내가 못생겼든 잘생겼든 그것으로 인해 열등감을 가져선 안 된다. 만일 지금 그로 인해 성형을 고민하고 있거나 콤플렉스에 시달리고 있다면 그것은 성경적 관점에서 우리가 극복해야 할 '세상 풍조' 중 하나다. 물론 사고나 선천적인 기형을 성형 기술로 고치는 것까지 '세상 풍조'라고 여겨선 안 된다.

한편, 성형수술에 드는 비용도 생각해 볼 일이다. 성형수술이 유행할수록 이를 위해 쓰는 돈도 막대해지고 있다. "내가 벌어 아끼고 절약해서 모은 돈으로 수술하는 것이 어째서 문제인가?"라고 하는 사람이 있다. 하지만 우리 주변에는 그만한 돈이 없어서 죽어 가는 사람들이 많다. 더구나 내가 번 돈은 내 유익을 위해 써도 된다는 생각은 절대 성경적이지 않다. 우리는 하나님의 것을 맡은 청지기로서 어떤 재화나 물질도 우리 마음대로 사용할 권리가 없다. 우리는 하나님이 맡기신 재물로 하나님의 일을 해야 할 책임이 있는 사람들이다. 따라서 멀쩡한 외모를 뜯어고치겠다고 재화를 사용할 것이 아니라 하나님 나라를 위해 사용해야 할 것이다.

부활의 빛에서

마지막으로 그리스도인은 '몸의 부활'과 관련해서 성형 문제를 생각해 봐야 한다. 예수님이 재림하시면 모든 사람이 부활할 것이다. 이 세상 사는 동안 예수 그리스도를 주님으로 믿은 이들은 예수님이 다시 오시면 영원토록 주를 섬길 온전한 몸을 가지게 된다. 죽을 때 온전해진 영혼이 (그 영혼으로만 존재하고 몸을 지니고 있지 않던 하늘 낙원에서와는 달리) 그와 부합하는 온전한 몸을 가지게 되는 것이다. 성경은 이 몸을 성령님이 사용하기에 가장 적절한 몸이라는 뜻에서 '신령한 몸'이라고 했다. 그 몸은 또한 강한 몸이요, 영광된 몸이다. 그러므로 그 몸은 (정확히 어떤 과정으로 그렇게 될지는 알 수 없지만) 각자의 특성과 개성을 온전히 유지한 가장 고귀하고 아름다운 몸임에 틀림없다. 지금 기형을 지니고 있는 분들도 그때에는 기형이 없는 몸으로 다시 산다. 하나님께서 그날에 각 사람을 가장 온전하고 아름다운 몸으로 성형해 주시기 때문이다. 돈 하나 들이지 않고 가장 완벽한 성형을 할 수 있는 것이다. 그러므로 우리는 오히려 이 땅에서 주님이 원하시는 내면을 갖추어 가며 주님의 뜻을 수행하는 일에 집중해야 할 것이다.

> 또 이와 같이 여자들도 단정하게 옷을 입으며 소박함과 정절로써 자기를 단장하고 땋은 머리와 금이나 진주나 값진 옷으로 하지 말고 오직 선행으로 하기를 원하노라 이것이 하나님을 경외한다 하는 자들에게 마땅한 것이니라 (딤전 2:9-10).

우리는 외모지상주의로 혼탁한 세상에서 바울의 이 교훈에 따라 살며 하나님의 의를 드러내야 할 것이다.

• 한국 교회 변혁과 사회적 제자도 실현을 위한 33일의 기도 •

우리에게 생명을 주신 삼위일체 하나님, 불의의 사고나 선천적인 이유로 기형을 가지게 된 사람들을 위해 성형의 기술을 진보케 하심을 감사합니다. 오늘도 이뤄지는 건전한 성형 수술의 모든 과정을 주님께서 주관해 주시고 어떤 의료사고도 생기지 않게 도와주옵소서. 단지 남에게 잘 보이고 싶은 마음으로 성형을 하지 않게 하시고, 반대로 외모로 남을 판단하는 어리석은 죄도 짓지 않게 도와주옵소서. 주의 교양과 훈계로 마음을 단장하는 일에 더 힘쓰게 하여 주옵소서. 주의 재림 날에 주께서 우리에게 주실 몸의 놀라운 변화를 기대하며 이 세상에서 주께서 주신 것에 만족하고 살아가는 마음을 주옵소서. 우리 주 예수 그리스도의 이름으로 기도합니다.

양심적 병역 거부, 어떻게 볼 것인가?

전통적으로 서구에서는 양심적 병역 거부를 상당히 인정해 왔다. 양심적 병역 거부자들은 자신의 양심에 따라 사람을 죽이는 일을 위한 어떤 준비나 연습도 하지 않겠다고 선언한 사람들이다. 이 신념을 지키기 위해 그 어떤 대가도 달게 받기로 결단한 사람들이다. 대개 절대 평화주의를 표방하는 메노나이트Mennonites 신학을 따르는 사람들이나 '여호와의 증인'의 신도들이 이 같은 입장을 표명해 왔다. 또 부당하게 공격을 받을 경우 자위 수단으로서 방어적 전쟁을 인정하는 '온건한 정당 전쟁론'을 지지하는 사람들 중에도 양심적 병역 거부를 인정하는 사람들이 있다. 그들은 전쟁이 일어났을 때 적십자 활동을 돕는 부대나 앰뷸런스 부대와 같은 곳에서 일하곤 했다. 이것은 지난하고 복잡한 역사를 지나는 동안 일종의 관습처럼 이어져 내려오는 서구 사회의 또 다른 모습이다.

그렇다면 세계에서 유일하게 분단된 나라에서 사는 우리는 어떤 입장을 가져야 하는가? 결론부터 말하면 이것은 결코 단순한 문제가 아니다. 이유는 첫째, 아직 휴전 상태인 특수한 한국적 상황에서 과연 병역 거부를 용납할 수 있는가 하는 것과, 둘째, 병역 거부자의 상당수가 여호와의 증인들이라는 점에서 제대로 된 논의가 쉽지 않다. 한국에서 양심적 병역 거부는 위의 두 가지 조건을 염두에 두고 논의해야 한다. 그렇지 않으면 더 심각한 문제에 봉착하게 된다.

만약 양심적 병역 거부를 인정하게 되면 첫째, 한국의 기독교가 이단을 인정하지 않더라도 우호적인 입장을 취하고 있다고 보일 수 있다. 둘째, 병역 거부는 자칫 애국하지 않는 것처럼 보일 수 있다. 셋째, 양심에 따르기보다 기피하기 위해 병역을 거부하는 사람들에게 구실을 제공할 수 있다.

정부는 얼마 전부터 양심적 병역 거부자들을 위해 좀 더 긴 기간의 대체 복무를 찾고 있다. 적십자 사역을 돕는 부대와 같이 특별 업무를 감당하는 부대를 만들어서 기간을 상당히 많이 연장해 복무시키되 집총執銃과 국민의례 등에서 제외해 주는 것이 어떤가 생각한다. 지금까지는 이런 특별 부대를 만들 만한 여건이 아니었을 수 있다. 하지만 이제는 양심적 병역 거부자들이 한국의 특수한 상황 논리로 불편한 눈총을 받지 않고, 뭔가 특별대우를 받는다는 인상도 주지 않는 대체 업무를 창설할 수 있는 상황이 되었다고 본다.

물론 우리나라가 평화적인 통일을 이룩한다면 이런 논의도 불필요한 것이 된다. 통일이 되면 국민 개병제皆兵制에서 점차 모병제募兵制로 바뀔 것이기 때문이다. 그런 점에서 양심적 병역 거부는 허리가 잘린 우리의 특수한 상황에서만 논란이 되는 이슈다.

한반도의 분단 상황은 우리 사회를 부조리하게 만든다. 그런 점에서 하루 빨리 이 땅에 평화 통일이 이뤄져야 한다. 전쟁을 반대하는 그리스도인으로서 이를 위해 노력하고 기도해야 할 것이다.

한편, 만일 통일이 된 상황에서도 개병제를 모병제로 전환하지 않고 과거 일본 군국주의자들이나 독일 나치 정권이 그런 것처럼 전쟁 준비에 열을 올린다면, 그때는 우리가 나서서 반전을 외쳐야 할 것이다. 우리의 궁극적인 목적은 모든 전쟁에 필요한 무기를 다 없애는 것이기 때문이다. 마치 군대가 존재하는 궁극적 목적이 군대를 없애기 위한 것과 같은 이치다(여호와의 증인들이나 극단적 평화주의자들이 이 논리를 이해할 수 있기를 바란다). 그때까지는 우리가 이 어려움을 함께 감당하며 하루 속히 이 땅에 평화가 오기를 기도하고, 그 일을 위해 노력해야 한다. 하나님께서 이 민족을 긍휼히 여기심을 바라면서 말이다.

그러나 모든 무기를 버리고 전쟁을 포기했다 해도 아직 참된 평화는 아니다. 참된 평화는 하나님 나라 안에서 누릴 수 있기 때문이다. 서구의 풍요로운 복지국가들이 하나님에게서 떠나는 모습은 참으로 안타까운 일이다.

바로 그것 때문에 우리는 여호와의 증인들도 잘못된 교리를 버리고 성경의 바른 가르침으로 돌아오기를 바란다. 여호와의 증인뿐 아니라 이 땅의 모든 이단들이 참된 성경의 가르침으로 돌아와야 한다. 그리고 아직 예수를 믿지 않는 사람들이 그리스도에게로 돌아와야 한다. 그리하여 이 땅의 모든 이들이 그리스도의 다스리심에 온전히 순종할 때, 그때 비로소 이 땅에 온전한 평화가 올 것이다. 모든 이들의 심령 가운데 그리스도의 십자가를 아는 믿음과 그로 인한 사랑이 있을 때 이 땅에서 진정한 평화를 보게 될 것이다. 정의$_{justice}$와 평화$_{shalom}$가 서로를 얼싸안을 때까지 우리는 이 땅에서 하나님 나라의 백성으로서 그 역할을 감당해 나가야 한다.

> **• 한국 교회 변혁과 사회적 제자도 실현을 위한 33일의 기도 •**
>
> 온 세상을 주관하시는 삼위일체 하나님, 이 세상 역사에서 수없이 있어 온 전쟁 가운데 우리나라는 단 하나 남은 분단국이 되었습니다. 한 민족이면서 서로 총부리와 미사일을 겨누는 우리의 현실을 돌보아 주옵소서. 우리를 불쌍히 여기셔서 복잡하게 얽힌 이 분단의 상황을 속히 벗어날 수 있도록 평화의 길을 허락해 주옵소서. 그리하여 이 민족 모두가 하나님을 바라보며 하나님께서 주시는 구원과 은총 가운데 평화를 누리게 하옵소서. 특히 이단의 가르침에 빠져 병역을 거부하는 사람들을 잘못된 가르침에서 벗어나 성경적 진리로 돌아오게 도와주시고 이런 저런 이유로 병역을 거부하는 사람들에게 바른 대안적 복무를 할 수 있도록 길을 열어 주어 명예롭게 잘 감당하도록 도와주옵소서. 예수님 이름으로 기도합니다. 아멘.

이주 노동자를 위한 교회의 역할은 무엇인가?

 요즘 지하철을 타면 낯선 언어로 이야기하는 사람들을 자주 본다. 예전에는 외국인 하면 주로 주한 미군이나 관광하러 온 사람들이 많았는데 요즘은 이주노동자들도 눈에 많이 띈다. 이제 우리나라도 '다문화 가정'과 같은 말이 낯설지 않은 다민족 국가가 되고 있다.

그런데 이렇게 문화와 언어가 다른 사람들이 모여서 살다 보면 여러 어려움에 봉착하게 된다. 이것은 우리뿐 아니라 세계 어느 나라에서나 겪는 문제다.

그런데 이런 문제가 터지면 우리는 대개 당장 주어진 문제를 해결하는 가장 효과적인 방법을 모색하는 일에 신경 쓴다.

그러나 우리는 보다 멀리 내다보고 근본적으로 접근해야 한다. 당장에 일어난 현안만 해결하기에 급급해선 곤란하다.

무엇보다 먼저 이 사회의 공동체 일원으로서 서로를 어떻게 대해야 하는가를 생각해 봐야 한다. 우리는 오랫동안 한민족이라는 혈통주의를 강조해 왔다. 실제로 외국인으로서 우리 사회에 성공적으로 정착한 사람은 많지 않다. 다시 말해 우리는 외국인에 대해 다른 나라들보다 더 배타적이고 차별적이다. 더구나 근대사회로 진입하는 과정에서 서구 국가들에 대해서는 열등의식을, 같은 동양의 나라들에 대해서는 우월의식을 알게 모르게 갖게 되었다. 그리고 이 왜곡된 인식은 다문화를 인정하고 이해해야 하는 오늘날에 와서 수많은 문제들을 양산하고 있다.

모든 피조물은 하나님 앞에서 동등하게 귀하고 아름다운 존재들이다. 어느 누구도 무시할 수 없고 무시당해서도 안 된다. 평등한 권리와 의무를 가진 피조물로서 "우리 가운데 우거하는 나그네"들과 공존해야 한다. 평등하고 동등하며 공존하는 파트너로서 외국인들을 받아들일 때 언어와 문화가 다른 데서 오는 갈등과 오해를 넘어설 수 있다.

그런데 안타깝게도 그리스도인들조차 외국인을 바라보는 시선이 전혀 성경적이지 못한 것을 본다. 반성하고 돌이켜 하나님이 원하시는 삶을 살아야 할 것이다.

이와 함께 언어와 문화가 다른 다민족들과 어울려 살면서 생길 수 있는 여러 복잡한 문제들을 해결할 수 있는 제도 마련에 힘써야 한다. 구체적으로 말하면 이주노동자들이 합법적으로 일하고 정당한 대가를 받으며 인간답게 살아가도록 법적으로 보장해야 하는 것이다.

한편, 그들을 보다 구체적이고 적극적으로 도울 방안을 강구해야 한다. 이주노동자로서 우리 사회에서 일하는 그들도 복지 혜택을 누릴 수 있도록 하고, 불법 체류자들이 합법적인 체류자로서 일할 수 있도록 도와야 한다. 이를 위해 국가기관과 기독교 NGO가 협력하고 교회가 기독교 NGO에 협력해야 할 것이다.

교회와 그리스도인들은 그들이 우리 사회에서 잘 정착하여 살 수 있도록 돕는 한편, 복음을 전하는 일에 힘써야 한다. 복음을 전할 뿐 아니라 그들이 하나님의 백성이 되어 고국에 돌아가 복음을 전할 수 있도록 양육해야 한다. 이것이 어쩌면 오늘날 우리가 할 수 있는 가장 효과적인 선교가 아닌가 한다.

그러기 위해선 먼저 한국 교회가 진정한 의미에서 신약성경이 말하는 교회가 되어야 한다. 만일 우리가 참 교회의 모습을 보여 주지 못한다면 그들이 잘못된 교회를 경험할 것이고 본국으로 돌아가서도 잘못된 영향력을 그들의 교회에 끼치게 될 것이다. 우리가 주께서 원하시는 참된 교회의 모습을 지니고 있을 때 그들에게 복음의 참된 능력을 제시할 수 있고, 하나님 나라의 백성으로서 이 땅에서 하나님 나라를 맛보게 할 수 있다.

하나님 나라가 극치에 이를 때 모든 나라와 민족과 방언과 족속들이 다 같이 하나님을 높여 찬송하고 경배하는 그 일을 지금 여기서도 선취先取해야 한다. 예수 그리스도 안에서, 그리고 그의 재림 때에 극치極致에 이를 하나님 나라에 속한 우리는 그 하나님 나라의 기쁨과 능력과 뜻을 모든 이들에게 보여 주어야 한다. 혹시 그들이 자신의 죄악 된 뜻과 마음을 고집하여 끝까지 하나님 나라의 백성 되기를 거부한다 할지라도 우리는 끝까지 하나님 나라의 사랑과 능력을 보여 주기 위해 노력해야 한다. 바로 그것이 하나님 나라를 위해 우리가 할 일이다.

• 한국 교회 변혁과 사회적 제자도 실현을 위한 33일의 기도 •

모든 인류를 만드신 삼위일체 하나님, 인류 역사의 과정 가운데 다양한 인종과 민족들이 있게 된 것도 주님의 전능하신 손길 가운데서 이루어진 것입니다. 이 모든 사람들이 다 하나님의 형상으로 지음 받았음을 알고 귀하여 여기게 하옵소서. 사람들을 차별하거나 낮추어 보려는 죄악이 우리 안에서 제거되게 하옵소서. 특별히 우리 주변에 사는 다른 민족과 다른 문화를 가진 분들을 존귀하게 여기게 하옵소서. 우리가 그들에게 우리 주 예수 그리스도를 잘 소개하여 하나님 안에서 바른 관계를 맺어 함께 하나님 앞으로 나아가는 복을 누리게 하여 주옵소서. 우리 주 예수 그리스도의 이름으로 기도합니다. 아멘.

일본의 역사 왜곡 앞에서

 일본 중등교육 역사 교과서의 왜곡 수준이 갈수록 심각해지고 있다. 특히 2014년 1월 14일에 일본 문부과학성은 교과서 작성의 지침이 되는 '학습지도요령 해설서'에서 센카쿠 열도와 독도를 '일본 고유의 영토'로 표기하겠다는 방침을 밝혔다. 이는 일본 정부가 학생들에게 역사와 지리를 왜곡해서 가르치겠다는 의지로 보아진다. 일본의 우파 지식인들과 옛 제국주의적 환상을 가진 이들의 안간힘이 안쓰러울 지경이다.

그러나 그보다 더 큰 문제는 일본 대중들이 이 문제를 바라보는 시각일 것이다. 그들은 대부분 이 문제의 심각성을 알

지 못하거니와 한국과 중국의 지적에 대해서도 "왜 남의 문제에 간섭하느냐?"는 식으로 반응할 것이기 때문이다. 아주 소수의 양심 있는 지식인들만이 명백한 역사 왜곡임을 인정하고 있을 뿐이다.

나는 개인적으로 이런 역사 왜곡에 관한 일본 대중들의 생각을 조사했으면 좋겠다. 만일 이 같은 조사에 대해 일본 대중들이 별로 관심을 보이지 않는다면 이것이야말로 일본 교과서 왜곡의 진짜 문제가 아닐까 한다. 최근 전쟁을 경험하지 않고 제대로 역사 교육을 받지 않은 젊은이들에게서 더욱 심하게 왜곡된 역사 인식이 나타난다는 언론의 발표가 있어서 더 걱정이 된다.

어느 사회든지 극우파가 극성을 부린다. 하지만 이들의 목소리가 그 사회에 영향을 미치는 순간 그것은 매우 심각한 문제가 된다. 이들의 왜곡되고 잘못된 생각이 대중들 사이에서 암암리에 동의를 얻고 있다는 반증이기 때문이다. 그런 점에서 일본의 교과서 왜곡 문제는 쉽게 넘길 일이 아니다. 일본의 대중들이 극우파의 왜곡된 시각에 동조한다면 왜곡이 진리로 둔갑하기는 시간문제다. 이는 다시 말하면 일본 사회가 건전한 생각과 바른 역사 인식을 추구하지 않는다고 말할 수 있다. 건전한 사회라면 왜곡된 주장을 결코 묵과하지 않을 것이기 때문이다.

그러면 일본의 역사 왜곡에 대해 강하게 분개하는 우리는 어떻게 해야 하는가? 그저 일본 대중들이 바른 역사 인식을 가질 것을 촉구해야 하는가?

물론 이 일은 꾸준히 대화를 통해 해결해나갈 일이라고 본다. 그러나 그 전에 먼저 우리의 역사 인식에서도 바꿔야 할 것이 있다. 솔직히 우리 사회도 일본 못지않게 건전한 생각과 바른 역사 인식을 추구하지 않거나 그것이 부재한 사회가 아닌가? 건전한 역사 인식이 부재한 사회가 아닌가? 우리 역시 자신의 이해관계에 직접적인 영향을 미치지 않으면 좀처럼 양심 있는 행동을 못하고 있지 않은가?

과거사는 아무래도 자신의 입장에 따라 해석하는 경향이 있다. 이 과정에서 왜곡이 일어날 수밖에 없다. 사람마다 고 박정희 대통령에 대한 평가가 다른 것을 보면 알 수 있다. 우리는 일본의 역사 왜곡에 곧잘 분개하지만 이에 앞서 우리 자신의 역사 인식이 바른지를 점검할 필요가 있다. 우리 사회가 바른 역사 인식을 가질 수 있는 환경을 갖추고 있는지도 돌아보아야 한다.

요즘 갈수록 심해지는 일본 극우파들의 잘못된 역사 인식을 접하면서 나는 무엇보다 일본 대중들의 생각은 어떤지 정말 궁금해졌다. 아주 중요한 문제임에도 당장 나의 이해관계에 영향을 미치지 않는다는 이유로 관심을 갖지 않는 우리 사회의 안일한 모습이 떠올랐기 때문이다. 그리고 이런 태도가 결국 왜곡되고 건전하지 못한 사회를 만들어 가는 것이 아닌가 걱정이 됐다. 부디 이 염려가 나의 지나친 기우에 불과하기를 소원한다. 그리고 우리는 어떤 방법으로든 일본 대중에게 그들의 잘못된 역사 왜곡의 현주소를 꾸준히 알리는 한편 우리 또한 바른 역사 인식을 위해 공부해야 할 것이다.

> **● 한국 교회 변혁과 사회적 제자도 실현을 위한 33일의 기도 ●**
>
> 온 세상의 역사를 주관하시는 삼위일체 하나님, 당신의 의도를 떠나 제멋대로 역사를 지어내는 어리석은 인간들을 바라보시며 탄식하실 하나님, 우리를 불쌍히 여기소서. 이런 잘못된 역사를 마치 정당한 것인 양 포장하려는 시도들을 회개하고 돌이키게 도와주옵소서. 역사의 주관자되시는 하나님 앞에서 우리의 죄악을 직시하게 하옵소서. 하나님이 의도한 역사를 거부하고 왜곡된 모양으로 바꾸려는 모든 시도가 큰 죄악임을 인정하게 도와주옵소서. 자신뿐 아니라 남들까지 잘못 알도록 인도하지 않게 하시고, 진정으로 책임 있는 역사를 지어 가는 사람이 되도록 인도해 주옵소서. 예수님 이름으로 기도합니다. 아멘.

책임지는 사회를 위한 그리스도인의 역할은?

나는 요즘 우리 사회를 보면서 두 가지 염원을 가진다. 하나는 책임지는 사람이 있는 사회가 되었으면 좋겠다는 것이다. 책임질 일을 했으면서 오히려 책임을 다른 사람에게 전가하거나 말로만 책임지겠다는 사람이 너무 많다. 너무 오랫동안 자주 그런 일을 당해서인지 이제는 그러려니 무신경해지기까지 했다. 그럼에도 우리는 깨어 바르게 보고 판단하기 위해 노력해야 한다. 그렇지 않으면 아무도 책임지려 하지 않을 테고 그것이 당연한 사회가 되고 말 것이기 때문이다.

책임을 가진 사람이 큰 문제가 생겼을 때 온 국민 앞에서 책임지겠다고 하는 말을 우리는 의미 있게 바라보고 잊지 말아야 한다. 어떻게 그 책임을 지는지도 잘 살펴야 한다. 그저 책임진다는 말로만 끝나게 해서는 안 된다. 뱉은 말을 제대로 책임질 때까지 지켜봐야 한다. 또 책임을 가진 사람이 과연 온 국민과 나라를 위해 어떤 사안을 결정하는지, 단지 당리당략과 자신의 명예를 따라 결정하고 있지 않은지 잘 지켜봐야 한다.

한편, 이렇게 책임지려 하지 않는 사회에서 책임지는 사회를 만들겠다는 사람들의 등장을 잘 주시해야 한다. 진실로 민족과 국가를 위해 책임을 지겠다는 것인지 아니면 그저 국민의 지지를 얻기 위한 제스처에 불과한지를 잘 살펴야 한다. 이를 위해 당장 판단을 내리기보다 그의 행보를 예의주시하면서 그 진위를 가릴 수 있어야 한다.

이때 언론이 아주 중요한 역할을 한다. 언론이 진실되고 바르게 전해야 국민이 바른 판단을 할 수 있기 때문이다. 언론은 위정자들의 일거수일투족을 바르게 전달할 뿐 아니라 국민의 뜻도 바르게 전해야 한다. 그래야 위정자들이 국민의 소리에 귀 기울일 수 있다. 언론이 이해관계에 따라 사실을 왜곡하기 시작하면 서로가 서로를 믿지 못하는 불신 사회가 될 수밖에 없다.

내가 염원하는 다른 하나는, 모든 사람이 자기 소리를 냄으로써 사회가 바르게 발전하는 것이다. 각자 낸 소리가 서로에게 알려지고 조율되고 어우러질 때 우리 사회는 바른 방향으로 갈 수 있다. 자기 생각을 드러내 놓고 말하지 못하는 사회는 힘의 논리가 지배하는 사회다. 그런 사회는 바른 길을 갈 수가 없다. 물론 자기 목소리를 내라고 했다고 이기적인 목소리를 내도 된다는 얘기가 아니다. 모두가 공존할 수 있는 소리, 사회를 바르게 변혁할 수 있는 소리가 많아질수록 그 사회는 건전해지고 진실해질 것이다. 또 책임 있는 자리에서 책임을 회피하는 사람들을 두려워 떨게 만들고 결국 그런 사람들이 책임 있는 자리에 오르지 못하게 만들 것이다.

모두가 목소리를 내는 사회는 모두가 책임을 지는 사회가 될 수밖에 없다. 그런 사회는 구성원 모두가 서로에게 관심을 가지고 살펴보고 지켜보고 비판하고 개선해 나간다.

그런데 그리스도인은 하나님의 말씀에 비추어 옳은 소리를 내야 한다. 아무리 그 절차가 민주적이라도 사람이 보기에 옳은 대로 행하면 바른 방향으로 갈 수 없다. 이것이 그리스도인이 목소리를 내야 하는 이유다.

> • 한국 교회 변혁과 사회적 제자도 실현을 위한 33일의 기도 •

이 세상과 사회를 만드시고 주관하시는 삼위일체 하나님, 이 사회가 하나님의 뜻 안에서 움직이도록 우리를 사용해 주옵소서. 먼저 하나님의 뜻을 배우고 아는 일에 힘쓰게 하시고, 배우고 안 것을 이 세상에서 실행해 낼 수 있도록 힘을 주옵소서. 그 가운데 혹 잘못을 저지른다면 그 일에 대해 명확히 책임지는 우리가 되게 하소서. 그리하여 이 세상이 좀 더 건전하고, 건강한 사회가 되도록 인도해 주옵소서. 그러나 아무리 건강한 사회라도 모든 문제가 해결된 것은 아니며 오직 만유의 주재되시는 하나님께로 돌아갈 때만이 이 땅 가운데 온전한 문제의 해결과 참된 안식, 그리고 평안이 있음을 믿습니다. 부디 우리를 당신께로 돌이키소서. 참된 복음으로 인도해 주소서. 예수님 이름으로 기도합니다. 아멘.

특권층의 비리를 없애는 방법

우리 사회의 특권층 비리는 하도 흔한 일이어서 이제 특별하지도 않다. 물론 그렇지 않은 사람들도 있지만 우리 사회의 특권층 중에는 자신의 재력과 권력을 이용해 탈법적 특권을 누릴 뿐 아니라 각종 부정과 비리로 재산을 늘리고, 심지어 법망을 교묘하게 피해 재산을 상속하는 등 양심과 윤리를 저버린 행동을 서슴지 않는다. 그들은 힘을 앞세워 세상을 지배하려 한다.

이들 특권층에 속한 사람들이 권력을 이용해 탈법을 하고 재산을 모으는 동안 이 사회 수많은 보통 사람들이 불이익을 당하고 있다. 문제는 바로 여기에 있다.

사실 이 세상은 엄격히 말하면 하나님의 통치 아래에 있으면서도 하나님의 다스림을 받지 않는 곳이므로 죄악이 관영할 수밖에 없다. 타락한 인간이 가는 곳마다 죄가 뿌려지고 깊어지는 것은 당연하다. 그럼에도 그리스도인은 어둠이 가득한 세상에서 빛으로 살아야 하는 까닭에 이런 죄악을 당연하게 여기면 안 된다.

반성하고 기억해야 한다

어느 사회나 어느 시대나 특권층의 부정과 비리는 있어 왔다. 그런데 안타깝게도 그들의 부정과 비리가 밝혀질 때마다 이를 바로잡기 위한 움직임이 들불처럼 일어났다가 잠시 후면 사그라지고 만다. 특권층의 부정과 비리가 잠시 후면 사람들의 기억에서 잊혀지는 속도만큼 죄는 더 깊어지고 관영하게 된다. 그래서 특권층의 비리를 핏대 올리며 비판하던 사람이 정작 자신이 특권층이 되면 그들과 똑같은 비리를 저지르고 부정을 탐하게 된다. 이 같은 모습이 모든 사람들에게 당연한 것으로 인식되어 버리면 그 사회는 희망이 없다.

우리가 사는 사회가 희망이 있으려면 특히 그리스도인들

이 쉽게 망각해 버리는 수많은 사람들 중 하나가 되어선 안 된다. 수많은 사람들이 망각의 강을 건널 때 그리스도인은 기억하고 지적하고 비판하는 소리를 내야 한다. 다시는 그런 일이 일어나지 않도록 모두가 반성하게 해야 한다. 부정과 비리를 잊어버리는 순간 우리는 부정의 당사자가 계속해서 특권을 누리는 것을 묵인하거나 승인하는 셈이 되고 만다. 그 덕분에 부정과 비리를 저지른 정치인이 계속해서 국회의원에 당선되고 장관에 재임용되는 기이한 일이 되풀이되는 것이다.

특권층의 비리가 워낙 자주 일어나다 보니 어떤 사람은 뉴스가 삼류 드라마 같다고 말한다. 새롭게 요직에 앉은 많은 인물들이 비리에 연루되어 임기를 채우지 못하고 하차하는 일이 비일비재하다. 그런데 그들은 쫓겨나면서 전혀 반성을 하지 않는다. 재수 없게 걸려서 자기만 지탄의 대상이 됐다고 억울해한다. "난 겨우 천만 원밖에 받지 않았어요. 수억 원씩 받은 사람도 저렇게 당당하게 살아가는데 왜 나만 갖고 그러느냐고요!" 하고 분통을 터뜨리는 사람들이 얼마나 많은지 모른다.

건전한 사회라면 부정과 비리를 저지른 사람이 다시 공직에 올라선 안 된다. 그런 점에서 우리 사회는 아직 갈 길이 멀다. 특권층이든 아니든 권좌에 오르면 특권을 이용해 한몫 챙겨야 한다는 생각이 당연한 것이 되면 곤란하다. 이런 생각이 아무리 큰 비리를 저질렀어도 쉽게 잊어버리고 다시 그 권좌에 앉히는 우를 범하게 하는 것이다.

공정한 사회, 건전한 사회를 만들려면 보통 사람인 우리가 특권을 남용하는 모든 잘못을 용납해선 안 된다. 모든 비리를 철저하게 비판하고 다시 그런 잘못을 저지르지 못하도록 감시해야 한다. 더불어 특권을 가지면 당연히 누리게 된다는 잘못된 생각을 버려야 한다. 그러려면 끊임없이 자기 성찰을 통해 감시와 비판의 자리로 돌아가야 한다. 지금처럼 사건이 터지면 호들갑을 떨다가 이내 관심 밖으로 밀어내선 안 된다. 우리가 어떤 태도를 취하느냐에 따라 이 사회를 부패로부터 건져 낼 수도 있고 부패 속으로 파묻어 버릴 수도 있다.

우리는 배 밭에서 갓끈을 고쳐 매지 말고, 오이 밭에서 신발 끈을 묶지 말라던 선조들의 지혜를 본받을 필요가 있다. 스스로 삼가며 조심하는 것이 습관이 되는 것이 중요하다. 권력을 가진 자나 갖지 못한 자나 습관적으로 스스로 삼갈 수 있다면 이 사회는 공정하고 건전한 사회로 나아가게 될 것이다.

만약 어떤 사람이 공직에 나갔다면 공직에 있는 동안에는 직무와 관련 없는 일을 하면 절대 안 된다. 자기만 안 하는 게 아니라 관련된 사람들도 하지 말아야 한다. 혹시 공직에 있는 사람을 알고 있다면 그 사람이 공직에 있는 동안에는 가능하면 가까이하지 않는 것이 좋다. 그것이 공직에 있는 사람을 돕는 길이고 부정으로부터 나를 지키는 길이며 혈연과 지연, 학연으로 출세를 도모하는 사회로 가지 못하게 하는 길이다.

공직자인 지인이 공직을 내려놓고 보통 사람으로 돌아왔을 때, 그동안 애쓰셨다고 인사하며 함께 차라도 나누는 우리가 되기를 바란다. 그리스도인들이 하나님과 성경을 모르던 옛 선조들의 지혜에도 미치지 못해서야 되겠는가?

특권의식이 문제다

한편, 우리가 반대로 특권층이라면 어떻게 해야 할까?

첫째는 아주 당연한 이야기이지만 우리가 어떤 직무를 수행하든 특권의식을 가져선 안 된다. 우리에게 맡겨진 일은 하나님이 사회와 하나님을 섬기라고 준 사명일 뿐이다. 그것이 대통령이라도. 진정한 소명 의식을 가진 사람은 절대로 특권의식을 가질 수 없다.

그렇다면 특권의식이란 무엇일까? 보통 사람들과 똑같이

대우받으면 화가 나는가? 어디를 가든 언제든 대접받고 싶은가? 무슨 일을 했을 때 내가 높임을 받는 것이 당연한가? 이 질문들에 부끄러움 없이 대답할 수 있다면 당신은 특권의식을 버린 사람이다.

공무를 위해 외국에 나갈 때 공항의 VIP룸을 사용할 수 있다. 이것은 공무를 효과적으로 수행하기 위한 일이다. 그런데 특권의식을 가지고 나중에 VIP룸을 사용하지 못하게 되었을 때 내적으로 힘들고 시험에 빠질 수 있다. 따라서 업무를 위해 사용하는 특권조차도 특권의식 없이 사용할 수 있어야 한다.

둘째, 직무를 수행하는 과정에서 어떤 편견도 가져선 안 된다. 가장 공정하고 바르게 직무를 감당하는 것이 하나님의 부름을 받아 맡기신 사명을 감당하는 사람의 모습이다. 아무런 편견 없이 직무를 수행하려면 나와 직접적으로 관련된 사람이 오히려 불이익을 당할 수도 있다. 오해의 소지를 남기지 않기 위해 혈연, 지연, 학연으로 연관된 사람들을 오히려 배제할 것이기 때문이다. 이 점을 분명히 했더라면 수많은 국민의 지지를 받던 전직 대통령이 자살하는 일은 없었을 것이다. 공직은 공적인 유익을 위해 하는 직무이므로 공직을 감당하는 동안에는 사적인 유익에서 손해를 볼 수 있어야 한다. 그래야 공정한 사회를 이

끌 수 있다.

셋째, 공직을 사적인 유익을 위해 사용해서는 안 된다. 예를 들면, 사무실에 지급되는 물품을 자신의 사적인 용도를 위해 사용하거나 업무 보는 시간을 사적으로 허비해서는 안 된다. 이것은 공직에 있지 않더라도 그래야 한다. 흔히 업무 중에 틈틈이 인터넷 서치를 하고 쇼핑하는 사람이 있다. 그러나 공적인 일이든 사적인 일이든 하나님이 맡기신 사명을 감당하는 사람은 절대 사적으로 시간을 사용해선 안 된다. 이것이 습관이 되고 삶이 되지 않으면 높은 공직이나 직책에 올랐을 때 공적인 물건을 사적으로 사용하고 시간도 사적으로 사용하게 된다. 관용차를 사적인 용도로 사용한다든지 공적인 업무를 위해 발급된 카드를 사적으로 사용하게 되는 것이다. 세상 사람들은 때로 이것을 삶의 지혜라고 말하기도 하지만, 그리스도인은 이것을 부도덕한 일이라고 말한다. 설사 어디를 가든지 특별한 대우를 받는 위치에 있더라도 공적인 재산을 사적으로 사용하지 않는 것이 성경적인 가르침이다.

넷째, 자신의 공직은 많은 사람의 유익을 위한 것임을 의식해야 한다. 특히 그리스도인은 많은 사람의 권익을 보호하고 유익을 끼치라고 하나님께서 맡기신 일임을 항상 명심해야 할 것이다.

이것을 의식하는 사람은 동료나 부하 직원을 인격적으로 대하게 된다. 오랫동안 고위공직에 있던 사람은 아랫사람을 종 부리듯이 부리는 경향이 있다. 타성에 젖은 까닭이다. 그러나 그리스도인에게 아랫사람이란 없다. 그리스도인은 모든 사람을 존귀하게 여기고, 나보다 낫게 여겨야 한다고 성경은 가르치기 때문이다. 특히 나이 들수록 어린 사람을 인격적으로 대하고 존중해야 한다. 반대로 어린 사람들은 나이 든 어른을 존귀하게 여겨야 한다. 모든 사람은 하나님 앞에서 똑같이 존귀한 존재이기 때문이다.

요컨대 특권층이 되었을 때 내게 주어진 특권을 남용하지 않겠다는 분명한 각오를 다져야 한다. 직무와 관련된 어떤 청탁도 거절하겠다는 강한 결심과 의지를 사전에 표명해야 한다. 어떤 오해할 만한 행동도 조심하며 혹 누군가 자신을 의혹의 눈초리로 보고 있다면 삼가 돌아보며 성찰해야 한다. 물론 의심 살 만한 행동은 어떤 것도 하지 말아야 한다.

• 한국 교회 변혁과 사회적 제자도 실현을 위한 33일의 기도 •

만군의 하나님, 모든 사람들은 하나님 앞에서 평등하게 지음 받았고, 영원히 평등하옵나이다. 그럼에도 불구하고 사람들은 여러 가지 구별을 만들어 내고, 그 구별로 차별하고, 그런 차별을 영속화시키려 하면서도 자신들은 우대받으려는 어리석은 노력을 하고 있나이다. 이런 어리석음을 불쌍히 여기소서. 이런 세상에서 우리가 하나님 앞에서 만민이 평등함을 선언하도록 하옵소서. 나만이 특별한 대우를 받으려고 하지 않게 하옵소서. 나를 희생하여 남을 낫게 대접할 수 있도록 도와주옵소서. 삶의 모든 자리에서 낮아지고 섬기는 자리로 나아가도록 우리를 감화하시고 인도해 주옵소서. 예수님의 이름으로 기도합니다. 아멘.

동성애 반대가 차별인가?

 2006년 7월 24일 국가인권위원회가 국무총리에게 입법 추진을 권고한 차별금지법안에는 동성애 확산을 조장하는 동성애차별금지조항이 들어 있었다. 이에 근거해서 2007년에 우리나라에서 처음으로 동성애차별금지를 포함한 차별금지법안이 발의되었으나 사회의 반대로 철회되었다. 2010년 4월 9일 법무부는 차별금지법을 제정하기 위한 특별분과위원회를 출범하고 입법화를 시도했으나 또 한 번 좌절되어 2012년에 다시 발의되었다. 그러나 국회 결의에까지 이르지 못하고, 2013년 2월 민주당의 김한길, 최원식 의원에 의해 다시 한 번 차별금지법안이 발의되었다. 그러나 보수단체

의 압박으로 결국 법안 상정은 되지 못했다. '차별금지법'은 성별, 장애, 병력, 나이, 출신 국가와 민족, 지역, 인종, 피부색, 언어, 학력, 종교, 사상 등을 이유로 정치적·경제적·사회적·문화적 차별을 금지하는 법이다. 그런데 이중에서 특히 동성애와 관련된 조항은 지금까지도 난항을 겪고 있고 또 기독교의 입장이 강경한 터라 여기서 다시 숙고해 보고자 한다.

성경과 기독교는 '차별'을 반대한다

동성애와 관련한 논의에 앞서서, 먼저 기독교는 세상의 모든 차별에 반대한다는 점을 분명히 할 필요가 있다. 기독교는 학력(교육), 인종, 종교, 성별, 외모, 결혼 관계 등으로 인한 차별을 금지하는 법안에 적극 찬성한다. 하나님은 사람을 외모로 판단하지 아니하시므로 모든 사람은 하나님 앞에서 평등하다. 따라서 하나님을 믿는 그리스도인들은 차별 없는 세상을 위해 그동안 힘써 왔다. 기독교가 여권 신장에 일정 부분 기여했음은 많은 사람들이 인정하는 바다.

동성애에 대한 기독교의 강한 반대

그런데 동성애를 허용하고 성적 지향성sexual orientation에 근거한 차별을 없애자는 의견에는 기독교의 입장이 달라진다. 여기에는 남자가 여자와 성관계를 갖는 동시에 남자와도 성관계를 갖는 양성애도 포함한다. 물론 여자의 경우도 마찬가지다. 일반적으로 차별금지법을 통과시키려는 많은 사람들은 '성적 지향'에 의한 차별도 금지하자는 입장이다. 이는 다시 말해 '성적 지향에 의한 차별을 하지 말아야 한다'는 조항이 통과되면 동성애나 양성애를 이성애와 똑같은 정상으로 인정하겠다는 의미다.

기독교가 동성애를 인정할 수 없는 것은 성경이 동성애를 죄악이라고 천명하기 때문이다. 여기에는 양성애도 포함된다. 다시 말해 동성애나 양성애는 하나님의 뜻이 아니라는 얘기다.

그러나 하나님이 죄인을 사랑하셔서 십자가를 통해 용서하고 회복하기로 한 죄인에는 동성애자도 당연히 포함된다. 따라서 기독교는 모든 죄인을 미워하지 않듯이 동성애자를 미워하지 않는다. 다만 하나님이 동성애를 다른 죄와 동일시하셨기에 동성애는 돌이킬 죄이지, 죄가 아닌 것으로 인정할 문제는 아니다. 그런 까닭에 기독교는 동성애를 인정하는 법안에 동의

할 수 없다. 동시에 차별금지법 안에 '성적 지향에 의한 차별을 금지한다'는 조항이 포함되는 한 기독교는 이 법안이 통과되는 것을 반대한다.

또한 우리는 동성애를 인정하는 분위기가 확산되는 것에 대해 심각하게 우려하지 않을 수 없다. 일차적으로는 자라나는 아이들에게 동성애를 정상으로 가르치는 것을 반대한다. 아직 판단 능력이 미성숙한 아이들의 무의식에 동성애를 정상으로 인정하는 것이 자리 잡게 되면 자라서 언제든지 행동으로 나타날 수 있기 때문이다. 이것은 다음 세대에 심각한 문제를 일으키게 될 것이다.

나는 동성애에 관한 논란도 '미끄러운 경사길 이론'에 적용할 수 있다고 생각한다. 미끄러운 경사면 위에 공이 하나 놓여 있고, 그 공이 굴러 내려가는 것을 막기 위해 버팀목을 두었다고 하자. 버팀목을 치우는 순간 공은 경사면 아래에까지 굴러가게 된다. 이때 미끄러운 경사면은 일종의 인과연쇄와 같다. 그리고 공은 인과관계에서 한 사건이 된다. 어떤 사건이 발생하면 그 사건이 원인이 되어 다른 사건이 발생하고, 그 다른 사건이 다시 원인이 되어 또 다른 사건이 발생한다. 그래서 최종적으로는 첫 번째 사건과 전혀 다른 사건이 발생하게 되는 것이다.

2010년 10월 25일, 대한민국 국가인권위원회 전원위원회는 군대 내에서 발생한 동성애에 대한 형사처벌이 위헌의 소지가 있다고 의결했다. 이로써 군대 내에서 일어나는 동성애 문제를 사적인 일로 치부했다. 그런데 이것은 시작에 불과하다. 다음 단계에서는 동성애를 이성애와 똑같은 사랑의 형태로 인정하게 될 것이고, 그다음에는 의료보험이나 상속 등에서 동성 커플의 권리를 인정해야 한다는 단계로 나아가기가 쉽다. 그러면 이제 모든 다양한 형태의 혼인과 가정을 정상적인 것으로 인정하는 단계로 나아갈 것이다. 그런 사회를 상상해 보라. 성경에서만 읽던 소돔과 고모라가 아닌가?

이 세상은 하나님의 뜻과 말씀을 무시하는 쪽으로 계속 나아갈 것이다. 이런 때일수록 이 땅의 교회와 그리스도인은 성경이 가르치는 하나님의 뜻에 순종하며 나아가야 한다. 과거 이스라엘의 바리새인들처럼 하루살이는 걸러 내면서 낙타는 삼키지 말고, 성경의 가르침을 온전히 순종해야 한다. 우리는 성경이 가르치는 대로 동성애는 죄임을 세상을 향해 외쳐야 한다. 동성애를 자연스런 사랑관으로 인정하는 TV 드라마도, 차별금지법도 반대해야 한다. 더불어 이런 목소리가 사회에서 인정받도록 하나님의 사랑을 이 땅에서 실천해야 한다.

• 한국 교회 변혁과 사회적 제자도 실현을 위한 33일의 기도 •

우리의 주인이 되시는 삼위일체 하나님, 하나님께서 우리를 창조하시고 구원해 주심을 감사합니다. 우리가 이 창조와 구원의 이중 감사로 하나님 앞에서 살게 하옵소서. 우리가 구속받은 백성으로서 한 남자와 한 여자가 결혼하여 사는 창조 원리를 잘 구현하며 진정한 부부의 사랑을 세상에 드러내게 하옵소서. 그러나 지금 세상은 하나님의 창조 질서와는 다른 가족 관계를 정당화하려고 합니다. 하나님, 이를 불쌍히 여기사 창조의 섭리를 드러내시고 건전한 가족을 세우는 운동이 이 사회 곳곳에서 일어나게 하옵소서. 이 사회가 살 만한 곳이 되도록 도와주옵소서. 예수님 이름으로 기도합니다. 아멘.

사형제 폐지를 막는 하나님의 뜻

사형제가 논란이 되는 것은 그것이 인간 생명의 존엄성과 생명 보호의 문제, 사회 질서 보존과 법을 통한 정의 실현의 문제를 포괄하고 있기 때문이다. 신중하지 않으면 안 되는 이유다.

오늘날 사형제를 폐지해야 한다는 목소리가 높다. 너무 잔혹하고 비인간적이라는 것이 그 이유다. 과연 기독교는 사형제 폐지를 둘러싼 논란을 어떻게 바라봐야 하는가?

전통적으로 기독교는 사형제도를 하나님께서 타락한 세상에 주신 질서의 하나로 여겨 왔다. 이것은 비단 기독교뿐 아니라 세상의 법이 그런 취지에서 사형제를 유지해 왔다. 그러나 최근 사형제에 대한 견해가 바뀌면서 교회 내에서도 이에 대한 의견이 분분하다. 과연 성경은 이에 대해 어떻게 가르치고 있는가?

성경은 사형제도를 인정하고 있다. 인간은 하나님의 형상으로 지음 받은 존귀하고 고귀한 존재다. 그렇기에 어떤 사람이 고의로 다른 사람을 죽인 경우와 이에 상응하는 죄를 지은 경우 죄의 대가로 사형을 집행할 것을 하나님께서 명령하셨다.

> 다른 사람의 피를 흘리면 그 사람의 피도 흘릴 것이니 이는 하나님이 자기 형상대로 사람을 지으셨음이니라(창 9:6).

> 통치자는 결국 여러분의 이익을 위해서 일하는 하느님의 심부름꾼입니다. 그러나 여러분이 잘못을 저지를 때에는 두려워해야 합니다. 그는 공연히 칼을 차고 있는 것이 아닙니다. 그는 하느님의 심부름꾼으로서 악을 행하는 자들에게 하느님의 벌을 대신 주는 사람입니다(롬 13:4, 공동번역).

그렇다면 왜 굳이 사형을 구형해야 하는가?

첫째 사람이 고의로 범한 죄에 상응하는 벌의 일부나마 그 사람이 받는 것이 되며, 둘째 사형 집행 전에 정해진 재소 기간을 통해 교화될 수 있는 기회를 부여 받으며, 셋째 그렇게 함으로써 다른 이들로 하여금 인간 생명을 존중케 할 수 있다.

그러나 사형은 하나님이 의도하신 생명 존중이 실현되는 한에서만 언도되어야 한다. 이전에 많은 나라들에서 사소한 일로도 사형을 집행했는데 이것이야말로 생명을 유린하는 범죄행위다. 따라서 아주 심각하고 고의적인 살인과 교사, 그리고 그에 준하는 범죄 행위들에 대해서만 사형이 언도되어야 한다. 오늘날 많은 사람들이 인간 생명의 존엄함을 근거로 사형 집행을 반대하지만, 사형제도는 인간 공동체를 사랑하시는 하나님의 뜻이다.

한편, 사형제를 시행하되 모든 재판 과정이 아주 엄밀한 절차상의 적법성에 따라 이루어져야 한다. 군대를 포함하여 그 어떤 곳에서도 엄밀한 재판의 적법성과 절차를 거치지 않았다면 사형이 선고되거나 집행되어서는 안 된다. 사형이 남용되거나 잘못 구형되지 않도록 사법부는 건전해야 하고 국민은 권력이 횡포를 부려서 인간의 존엄성이 훼손되지 않도록 권력기관을 감시해야 한다.

사형을 '가석방이나 사면이 안 되는 종신형'으로 대치해야 한다는 의견도 많은데, 나는 이것이 오히려 사형보다 더 큰 형벌이라고 생각한다. 영원히 바깥세상을 볼 수 없다는 절망감이 그 인생을 집어삼킬 것이기 때문이다. 그렇게 되면 그를 하나님께로 돌이키는 일도 쉽지 않을 것이다.

요약하자면,

첫째, 인간 생명을 천하보다 귀히 여기시는 하나님의 뜻에 따라 사형제도는 원칙적으로 존치되어야 한다.

둘째, 재판 과정을 엄격하게 해서 사형에 해당하는 아주 흉악한 범죄인지 아닌지를 정확히 밝힌 후에야 사형을 언도해야 한다. 조금이라도 의심된다면 사형을 언도해선 안 된다.

셋째, 사형제도를 개인이나 사회가 오용하지 않도록, 그리고 재판 과정상 오심이 없도록 국가적 차원에서 최선의 노력을 다해야 한다.

사형제도를 이야기할 때 주변에 떠도는 이야기나 오직 인본주의에 입각한 이야기들에 동조할 것이 아니라 하나님께서 어떻게 정하셨는지가 우리의 판단 기준이 되어야 할 것이다. 그런 의미에서 사형제도가 대한민국에서 더 바르게 시행되도록 노력하는 한편, 오용되거나 오심되지 않도록 감시하고, 더 나은 감시 체계를 강구해야 한다.

한국 사회는 기독교 국가가 아니므로 우리가 아무리 성경의 보편적 원리를 주장해도 이를 따르지 않는다. 우리는 죄 지은 사람을 벌주는 데 관심이 있는 것이 아니다. 우리의 관심은 이 사회에 하나님의 뜻을 이룩하는 데 있다. 하나님은 자신의 형상으로 지음 받은 사람의 인권을 옹호하셔서 사람이 사람을 고의로 해치지 않도록 하기 위해 사형제도를 마련해 주셨다. 그러므로 우리 그리스도인들은 사형제도가 폐지되지 않도록, 그리고 그 사형제도가 하나님의 뜻에 부합하게 운용되도록 힘써야 할 것이다.

> **• 한국 교회 변혁과 사회적 제자도 실현을 위한 33일의 기도 •**
>
> 모든 생명의 주님이신 삼위일체 하나님, 생명을 창조하시고 주관하시며, 특히 사람의 생명을 귀하게 여기셔서 사람들이 생명을 함부로 해치지 않도록 하시니 감사합니다. 사람이 고의로 사람의 피를 흘리게 하여 죽일 경우 반드시 그도 죽여야 한다는 명령이 사람의 생명을 존귀하게 여기신 하나님의 의도임을 깨닫게 하옵소서. 이런 하나님의 뜻을 모른 채 사람들이 자기 옳은 대로 생각하려는 경향이 있사오니 우리를 불쌍히 여기사 성경이 가르치는 주님의 뜻을 바로 알게 하옵소서. 그리고 이 사회가 사형제도를 존치存置함으로써 하나님의 뜻을 잘 지켜나가게 도와주옵소서. 우리 주 예수 그리스도의 이름으로 기도합니다. 아멘.

하나님과 함께하는 생명운동

요즘 세계 여러 곳에서 무차별 총기 난사 사건이나 민간인에 대한 테러가 일어나고 있다. 이유도 없이 사람이 죽어 나가고 있는 것이다. 이처럼 생명에 대한 경시 풍조가 퍼지고 있는 이 시대에 이 땅을 사는 그리스도인이 해야 할 일은 진정한 의미의 생명운동에 동참하는 일일 것이다. 성경 전체에서 나타나 있고, 특히 사도행전에서 잘 나타나 있는 대로 타락한 인간은 생명을 죽이나 하나님은 살리신다. 그러므로 생명운동은 하나님과 함께하는 운동이다. 생명의 근원이 하나님이시므로 하나님으로부터 시작하지 않고서는 진정한 생명운동을 할 수 없다. 생명운동이 하나님으로부터 시작하지 않으면 급박한 상황에 몰렸을 때 생명을 포기하는 선택을 할 수 있다. 오직 하나님만이 우리를 생명의 길로 이끄실 수 있다. 우리는 다만 하나님이 의도하신 사람이 되기 위해 힘써 하나님을 따르면 된다.

하나님을 바르게 아는 사람은 아무리 작은 생명이라도 소중히 여긴다. 인간과 동물의 차이를 아는 것도 매우 중요한데, 그 차이는 하나님과 어떤 관계를 맺고 있느냐에서 생겨난다. 우리가 하나님과 관계없다면 동물과 구별되는 차이도 없는 것이다. 그렇다고 동물을 함부로 죽여도 된다는 얘기가 아니다. 하나님도 성경에서 동물을 먹되 피째 먹지 말라고 하셨다. 피는 생명을 의미하기 때문이다.

> 그러나 고기를 그 생명 되는 피째 먹지 말 것이니라 내가 반드시 너희의 피 곧 너희의 생명의 피를 찾으리니 짐승이면 그 짐승에게서, 사람이나 사람의 형제면 그에게서 그의 생명을 찾으리라(창 9:4-5).

하나님께서 만드신 피조물이라는 점에서 동물의 생명도 마땅히 경시해선 안 된다. 동물의 생명을 경시하기 시작하면 그것이 생명 경시 풍조로 흐를 수 있다는 점에서도 조심해야 한다. 하나님은 하나님의 형상에 따라 지은 인간을 살인하지 말라고 분명하게 말씀하셨다.

> 다른 사람의 피를 흘리면 그 사람의 피도 흘릴 것이니 이는 하나님이 자기 형상대로 사람을 지으셨음이니라 (창 9:6).

하나님의 피조물은 무엇이든지 그 생명을 귀히 여기며 존중해야 한다. 그중에서도 특히 하나님은 인간의 생명을 함부로 해선 안 된다고 무섭게 경고하고 있다.

그렇다면 인간 생명은 언제부터 생명이라고 할 수 있을까? 결론적으로 말하면 배아 상태도 생명이다. 눈에 보이지 않아도 이미 생명을 잉태하고 있다는 점에서 하나님을 닮은 형상이며 따라서 존중받아 마땅하다. 그래서 우리는 낙태를 반대하며 인간 배아 실험을 반대한다. 또한 설사 인간으로서 존엄한 삶을 살지 못하더라도 생명이 있는 한 인간이 함부로 생명을 취할 수 없다고 믿는다. 생명의 주관자는 하나님이기 때문이다. 이것이 우리가 안락사를 반대하는 이유다.

한편, 성경은 살인에 대해 책임 있는 형벌을 내릴 것을 명령하고 있다. 우리가 사형제 폐지를 반대하는 이유다. 사형제도는 하나님이 인간들이 서로 생명을 존중하고 책임지라고 주신 제도라고 믿기 때문이다.

기독교 생명운동은 요컨대 하나님이 의도하신 사랑의 사람이 되고, 사랑의 공동체를 이 세상에 세워 나가는 운동이다. 그런 점에서 생명운동은 사랑운동이라고 할 수 있다. 우리가 서로를 사랑할 때 서로의 생명을 존중할 수 있는 것이다.

부디 우리 모두가 이런 사랑의 사람이 되어 어디를 가든지 그곳에 사랑과 생명이 넘쳐 나기를 바란다. 하나님은 사랑하시고 사랑하게 하시며 생명을 살리신다. 우리도 가는 곳마다 미움과 시기와 죽임을 이기고 사랑하고 사랑하게 하며 생명을 살리는 사람이 되기를 바란다. 생명운동은 하나님의 형상대로 지음 받은 인간이 맡은 하나님 사역인 것이다.

> • 한국 교회 변혁과 사회적 제자도 실현을 위한 33일의 기도 •
>
> 모든 생명을 창조하시고 주관하시며 주인이신 삼위일체 하나님, 우리의 생명을 어제도 오늘도 유지시켜 주시고 지켜 주시니 감사합니다. 우리에게 그리스도의 부활 생명 안에서 현재의 생명도 누리게 하였사오니, 하나님의 어떠하심을 본받아 우리들도 생명을 살리는 운동에 최선을 다하게 하여 주옵소서. 우리는 하나님의 자녀이오니 생명을 살리시는 하나님의 심림에 **통침**하여 생명을 경시하고 무시하는 세상 풍조를 바꾸는 데 힘쓰게 하옵소서. 우리 주 예수 그리스도의 이름으로 기도합니다. 아멘.

── 제3부 ──

나를 속이는 영적 거짓말

• • •

내가 원하는 나를 위한 하나님의 계획?

죽은 사람도 구원받을 수 있다?

예수는 '최고경영자'다?

좋은 말이 좋은 말이다?

이상한 종교적 언어들!

방언, 해도 되는가?

인간도 영원한 사랑을 할 수 있다?

질병은 죄 때문에 온다?

내가 원하는 나를 위한
하나님의 계획?

성경은 하나님이 나를 위한 놀라운 계획을 갖고 계시다고 말한다. 그런데 왜 내 삶은 전혀 놀랍지 않은가? 왜 자주 절망하고 좌절하는가? 낙심의 순간에 하나님의 놀라운 계획을 어떻게 찾아야 하는가?

하나님 앞에서 살아간다는 것은 하나님 앞에서 이런 저런 질문을 하고 그에 대해 주께서 성경을 통해 주시는 대답에 근거해 살아가는 것을 말한다. 사람들은 하나님께서 '나를 위한 놀라운 계획'이 있다고 하면, '왜 내 삶에는 절망과 좌절이 이토록 많은가' 하며 의아해 한다. 이는 내가 원하는 것을 중심으로 생각하기 때문에 그렇다. 내가 원하는 것을 중심으로 생각하다 보니 아무것도 이뤄지지 않는 것처럼 여겨지는 것이다. 그러나 성경이 말하는 '우리의 삶을 위한 놀라운 계획'이란 그런 것이 아니다.

하나님은 그의 백성 한 사람 한 사람에 대해 참으로 놀라운 계획을 갖고 계시다. 주께서 사명을 주시지 않고 이 세상에 보낸 주의 백성은 없기 때문이다. 우리가 주의 백성이라면 우리는 각자 주께서 주신 사명이 있는 사람이다. 이 사명이 바로 주님이 '나를 위한 놀라운 계획'이다.

그런데 대부분의 사람들은 내가 원하고 기대하는 바가 이뤄지는 것을 주의 '놀라운 계획'으로 착각한다. 이 관점에서 보면 순교자나 주님을 위해 큰 고난을 받은 그리스도인들은 하나님이 이들을 위해 아무런 계획도 갖지 않은 사람들이 되고 만다. 그러나 그렇지 않다는 것을 우리는 잘 안다. 이들이야말로 하나님의 놀라운 계획 속에 있던 사람들이지 않은가? 주를 위해 신실하게 고난을 잘 감당하는 모습에서 주님의 놀라운 뜻이 실현되는 것을 본다.

우리 인생은 때로 도무지 이해할 수 없는 고난을 당하기도 한다. 그러나 신실한 성도는 이때 오히려 주님을 더 의지하고 믿음을 지켜 나간다. 따라서 그리스도인은 나를 위한 주님의 계획을 내가 원하는 계획으로 착각하고 있지는 않은지 성찰하고 반성해야 한다. 더 나아가 그 계획의 중심에 주님이 아니라 내가 있지는 않은지 살펴야 한다. 만일 그런 모습이 발견된다면 가장 먼저 돌이켜 회개해야 한다. 회개하지 않으면 결국 주님의 뜻이 아니라 내 뜻을 추구하게 되고 그러면 절망하고 좌절하게 되기 때문이다.

돌이켜 회개했다면 이제 하나님이 하나님 나라를 과연 어떻게 이뤄 가시는지 보아야 한다. 그것을 보고 알아야 내가 할 일이 분명해지기 때문이다. 이런 삶에는 항상 "그러나 내 뜻대로 마옵시고, 주님의 뜻이 이루어지리이다" 하는 기도가 흘러나온다. 그리고 하나님께서 그런 삶을 통해 주님의 놀라운 계획을 이루신다.

이런 삶에도 물론 어려운 일이 있고 곤고한 날이 있다. 그러나 하나님의 신실한 그리스도인은 그런 날에도 절망하지 않고 묵묵히 주님이 가리키는 길을 향해 걷는다. 예수님이 그랬고 바울이 그랬다.

그렇게 살기는 결코 쉽지 않다. 그래서 나를 중심에 두는 욕심과 이해 타산적인 생각을 끊임없이 버려야 한다. 편해지고 싶고, 잘살고 싶고, 인정받고 싶은 세상적인 욕심을 버려야 한다. 다만 주님이 주신 사명을 이루기 위해 최선의 노력을 다해야 한다. 주님은 이들과 세상 끝날까지 항상 함께하시겠다고 약속하셨다.

> **• 한국 교회 변혁과 사회적 제자도 실현을 위한 33일의 기도 •**
>
> 모든 것을 주관하시는 삼위일체 하나님, 세상 모든 것뿐 아니라 저의 삶에 대해서도 주님께서 가지고 계신 계획이 있음을 알고 감사드립니다. 우리가 과연 어떻게 사는 것이 나를 위한 주님의 계획을 이루어 가는 것인지 알게 하여 주옵소서. 입으로는 주님의 계획을 말하면서 속으로는 나 자신의 영광과 번영과 잘됨, 그리고 부귀와 안전을 추구하고 있지는 않은지 돌아보게 하시고 하나님의 계획하심을 추구하게 하옵소서. 세상에서 얻을 나 자신의 욕심이 아니라 하나님의 영광을 위해 진정 우리가 해야 할 일들을 추구하게 도와주옵소서. 우리 주 예수 그리스도의 이름으로 기도합니다. 아멘.

죽은 사람도 구원받을 수 있다?

나는 자주 "살아 있는 동안에 예수님을 자신의 구주로 믿지 않았더라도 죽은 후에 혹시 구원을 받을 수 없을까요?"라는 질문을 받는다. 예부터 많은 사람들이 이 같은 질문을 해 왔다. 이 질문의 동기는, 한편으로 생각하면 믿지 않고 죽은 나의 형제나 부모가 구원받을 길이 있을까 하는 안타까운 마음에서 하는 질문이고, 또 한편으론 세상에 믿지 않는 사람이 더 많은데 사랑의 하나님이 그들을 모른 척하는 게 말이 되느냐는 하나님에 대한 사랑을 의심하는 질문이기도 하다.

어느 쪽이든 사랑으로 포장되었으나 사실은 성경의 가르

침에 복종하고 싶지 않은 우리의 고질적인 불신앙에서 비롯된 질문이라는 사실을 인정해야 한다. 성경은 "다른 이로써는 구원을 받을 수 없나니 천하 사람 중에 구원을 받을 만한 다른 이름을 우리에게 주신 일이 없음이라"행 4:12고 분명하게 말하고 있다. 또한 "네가 만일 네 입으로 예수를 주로 시인하며 또 하나님께서 그를 죽은 자 가운데서 살리신 것을 네 마음에 믿으면 구원을 받으리라"롬 10:9고 했다. 성경은 다시 말해 예수님이 구원자로 이 세상에 오셔서 십자가에 달려 돌아가심으로 우리가 구원을 얻었음을 믿으면 구원을 받는다고 말하고 있는 것이다. 예부터 바른 교회는 이를 굳건히 믿었으며 구원받은 백성으로서 이 세상을 살았고 더 나아가 하나님 나라에 동참하기 위해 힘썼다.

그러므로 우리는 우리 자신은 물론이고 주변에 믿지 않는 사람들에게 이 복음을 전해서 믿음으로 구원을 얻도록 해야 한다. 그것이 우리 모두의 사명이다. 따라서 '오늘'은 힘써 복음을 전해야 할 구원의 날이다. 오늘이 아닌 내일은 없다. 오늘만이 복음을 전할 유일한 날이다. 오늘이 지나면 더 이상 기회가 주어지지 않는다. 이것이 성경에 충실한 바른 교회의 가르침이다.

이 가르침을 우습게 여기면 굳이 오늘이 아니라 내일로 미루게 된다. 내일로 미루기 시작하면 복음을 전할 기회가 와도 전하지 않게 된다. 이것은 십자가의 원수로 사는 모습이다. 우리는 어찌하든지 성경의 가르침에 충실하고 신실해야 한다. 지금 이 순간, 오늘 동안 복음을 전해야 한다. 모든 인생은 내일이 보장되어 있지 않다. 오늘이 마지막이라는 각오로 복음을 전해야 하는 것이다. 죽고 나면 더 이상 기회가 없다.

> **• 한국 교회 변혁과 사회적 제자도 실현을 위한 33일의 기도 •**
>
> 구원의 주가 되시는 삼위일체 하나님, 죄로 인하여 죽은 우리를 그리스도의 십자가 구속으로 구원하여 주심을 감사합니다. 우리 주변에는 주님이 구원의 주이심을 강조한 나머지 죽음 후에도 주께서 다른 기회를 주실 것으로 생각하는 어리석은 사람들이 있습니다. 이들을 불쌍히 여기사 늘 바른 가르침에 귀 기울이게 하옵소서. '오늘'이라고 하는 날 동안 진정 주님의 복음을 믿고 살도록 도와주옵소서. 그리고 바로 '오늘'이라는 동안만 복음이 이웃에게 선포되고 그들도 '오늘' 믿어야 구원받을 수 있다는 긴급(緊急)함을 알게 하시고 우리도 복음 전하는 일에 열심을 내도록 인도해 주옵소서. 우리 주 예수 그리스도의 이름으로 기도합니다. 아멘.

예수는 '최고경영자'다?

요즘 많은 사람들이 '최고경영자'의 자질과 리더십에 주목하는 것을 본다. 그래서 예수님을 최고경영자$_{CEO}$로 소개하는 사람도 있다. 예수님은 솔선수범하셨고, 다른 이들의 의견에 귀를 기울이셨으며, 분명하게 비전$_{vision}$을 제시할 줄 아는 지도자였다는 것이다. 오래전에는 예수님을 최고 지도자로 제시하면서 예수님의 지도자론을 펴기도 했다. 예수님을 최고경영자로 비유하는 것에 대해 어떻게 생각해야 할까?

우선 긍정적인 측면은, 무엇보다 군림하는 지도자가 아니라 섬기는 지도자가 진정한 지도자라는 개념을 널리 알릴 수 있

다는 점이다. 세상 사람들이 이 개념을 받아들일 때 성경적인 가르침에 따라 살 수 있기 때문이다.

그러나 안타깝게도 긍정적인 측면보다 부정적인 측면이 더 많다. 우선 예수님이 최고경영자라는 개념은 예수님을 세상의 지도자와 동급의 수준에 놓는 위험이 있다. 세상 사람들이 최고경영자로서 모델 삼고자 하는 인물은 아리스토텔레스_{톰 모리스, 『아리스토텔레스가 제너럴모터스를 경영한다면』}, 셰익스피어_{노먼 오거스틴, 『셰익스피어를 모르면 21세기 경영은 없다』}, 엘리자베스 1세(패튼의 리더십과 마키아벨리의 리더십을 비교해서 제시한다), 간디 등이 있다. 예수님을 이들과 비교할 때, 자칫 잘못하면 예수님의 정체성을 모호하게 만들 수 있고 이것이 일반인에게 미치는 영향이 부정적일 수 있다.

한편으로, 예수님에게서 배워야 할 가르침이 왜곡될 위험이 있다. 겉으로 봐선 예수님을 본받자는 의미로 제시되었기 때문에 문제가 안 될 것 같지만, 세속적 가치에 근거해서 예수님을 바라보게 되고, 그러다 보면 우리가 예수님에게서 진정으로 배워야 할 교훈들을 놓칠 수 있다.

그리고 마지막으로, 그리스도인으로서 최고경영자라면 예수님이 세상을 향해 외친 가르침에서 배우고 하나님 나라의 관점에서 자신의 일을 이해하는 것이 더 중요하다. 그럴 때 성령님께 의지해 기업을 경영할 수 있다.

이처럼 단순히 예수님을 최고경영자로서 모델 삼는 것은 그분의 지경을 축소하고 오히려 그분의 정체성이 오해될 소지가 있다. 그러므로 그리스도인은 세상의 유행을 좇기보다 예수님과 성경의 가르침을 좇기를 힘써야 한다.

> **• 한국 교회 변혁과 사회적 제자도 실현을 위한 33일의 기도 •**
>
> 우리의 구주이시며 진정한 선생님이신 예수님, 복음을 따르는 모든 사람들이 예수님만을 우리의 진정한 구주(saviour)요, 선생님으로 믿고 따르게 하옵소서. 말씀을 따르겠다고 하면서도 예수님을 구주로 믿지 않는 불신앙에서 벗어나게 하옵소서. 또한 예수님께서 우리를 구원하셨다고 자랑하면서도 주님의 가르침에는 귀 기울이지 않는 완고한 죄에서도 벗어나게 하옵소서. 우리들로 하여금 '있는 그대로의 예수님', '성경 가운데서 계시해 주신 그 예수님'을 바르게 믿고 따르게 하옵소서. 우리 주 예수 그리스도의 이름으로 기도합니다. 아멘.

좋은 말이 좋은 말이다?

우리는 하루에도 정말 많은 말을 하고 산다. 말을 많이 하는 만큼 실수도 많이 한다. 말에 관한 한 야고보서의 교훈을 따라야 할 것이다. 그럼에도 이 세상에는 말로 인한 실수가 너무 많다. 국제 관계에서도, 정치 상황에서도, 개인의 사사로운 관계에서도 말로 인한 실수가 수없이 되풀이된다. 어떻게 말해야 실수하지 않을 수 있을까? 과연 말실수로부터 벗어날 수 있을까?

첫째는, 다른 이들에게, 또 이 사회 전체에 궁극적으로 유익이 될 수 있는 말이 무엇인지를 생각해야 한다. 단지 지금 이 상황에서만 좋은 말들은 오히려 독이 된다는 것을 알아야 한다.

마찬가지로 내 귀에 감미롭고 좋은 말만 들어선 곤란하다. 당장 기분이 나쁘고, 마음이 아파도, 궁극적으로 유익이 되는 말을 해야 하고 들어야 하는 것이다.

그런데 실상은 대부분의 사람들이 내게 약이 되지만 쓴소리는 듣고 싶어 하지 않는다. 그런데 모든 사람들이 유익한 말을 듣지 않으려 한다면 결국 세상에서 유익한 말은 사라지고 말 것이다. 모든 사람이 당장에 듣기 좋은 말만 하는 것이야말로 비극이다.

둘째는, 상대와 사회의 아픔을 끝까지 인정하는 말을 해야 한다. 우리는 상대의 아픔을 인정하는 듯이 말하면서도 조금 지나면 곧 괜찮아질 것이라 가정하므로 상대의 마음을 더 아프게 할지도 모른다. 그런데 내가 준 아픔은 영원히, 그야말로 영원히 사라지지 않는다. 이 사실을 명심해야 한다. 겉으로만 위로하는 것은 사실 상대에게 상처만 될 뿐이다. 위로할 때는 진심을 다해야 한다. 그렇지 않으면 위로는 오히려 오만이며 더 큰 상처를 내게 된다.

요약하면 이렇다.

첫째, 상대와 사회 전체에 궁극적으로 유익이 되는 말을 하고 유익한 말을 듣자.

둘째, 말실수는 상대와 사회에 영원히 지워지지 않는 아픔을 남긴다는 사실을 분명하게 인식하자. 설사 그것이 위로라도 마음을 다한 위로가 아니면 오히려 상대에게 상처만 남길 뿐이다.

> **• 한국 교회 변혁과 사회적 제자도 실현을 위한 33일의 기도 •**
>
> 진정한 의사소통자 되시는 삼위일체 하나님, 우리에게 말을 주셔서 서로 소통하게 하시니 감사합니다. 그러나 많은 경우 우리 입에서 나오는 말이 상처를 주기도 하고 돌이킬 수 없는 실수를 빚기도 합니다. 우리의 말과 의사소통이 하나님을 본받게 도와주옵소서. 그리하여 이웃과의 관계에서 항상 진실하게 하여 주시고, 지혜롭게 말하고 진실을 말할 수 있게 도와주옵소서. 항상 사랑 안에서 진리를 말하여 우리의 말이 세상에 평화를 가져 오게 하옵소서. 우리 주 예수 그리스도의 이름으로 기도합니다. 아멘.

이상한 종교적 언어들!

요즘 이단들이 극성이다. 그런데 상당수 이단들이 사용하는 언어들이 기존 교회에서 사용하는 언어와 크게 다르지 않기 때문에 더 혼란스러운 것 같다. 이것은 우리가 일상적으로 사용하는 말들 중에 오염된 말이 많다는 뜻이기도 하다. 사실 이것은 매우 심각하다.

이 땅에 이단이 발을 못 붙이게 하는 길 중 하나는 교회가 좀 더 성경적이 되는 것이고 좀 더 성경적으로 말하는 것이다. 교회가 성경적으로 바로 서서 성경적으로 말할 때 이단과 차별되어 이단을 구별할 수 있다.

그런데 성경적인 언어란 무엇인가? 이단이 즐겨 쓰는 말은 또 무엇인가?

교회 공동체와 그 지체인 그리스도인들은 병마病魔, 화마火魔 등을 사용하지 말아야 한다. 지체가 병이 들면 안타까워서 당연히 고쳐 주시기를 간구해야 한다. 그러나 이때 "병마病魔를 물리쳐 주옵소서"라고 해선 안 된다. 병의 원인이 병마라고 하는 것과 같기 때문이다. 다시 말해 각종 병들을 주관하는 귀신을 인정하는 말이 되는 것이다. 이것은 이단들의 가르침이다. 따라서 그리스도인은 병마나 화마 같은 비성경적인 단어를 사용하지 말아야 한다.

소위 '선포 기도'를 하는 관행도 사라져야 한다. 기도는 하나님께 아뢰는 것이지 다른 존재나 다른 사람이 들으라고 하는 것이 아니다. 기도는 삼위일체 하나님과 교제하며 하나님과 대화하는 것이라는 성경적인 개념에 충실하다면 '선포 기도' 또는 기도 중에 '선포한다' 같은 말을 할 수가 없다. 그럼에도 우리가 흔히 이 같은 말을 하고 행위를 하는 것은, 바른 성경적 기초가 되어 있지 않거나 효과만 거두면 된다는 생각에 너무 익숙해졌기 때문이다. 삼위일체 하나님과 깊이 대화하고 교제하는 것이 기도다. 따라서 성경의 가르침에 충실한 기도를 해야 할 것이다.

한편, "하나님의 음성을 듣는다", "하나님께서 이렇게 말씀하셨다" 같은 말도 주의해서 사용해야 한다. 초신자들은 이런 말을 들을 때마다 이런 경험을 하지 못한 것에 대해 자괴감을 느낄 수 있다. 그래서 항상 이등 신자라는 열등감을 갖거나 위험하게도 일종의 직통계시파적 경험을 사모하는 신비주의에 빠질 수 있다.

물론 하나님은 지금도 모든 성도를 인도하신다. 우리 역시 하나님의 인도하심을 받아야 한다. 그러나 하나님은 과거에 사용하신 계시의 방법으로 오늘날 우리를 인도하시지 않는다. 오늘날은 하나님이 계시하신 성경의 가르침을 성령이 사용하셔서$_{\text{cum verbo}}$ 우리로 하여금 하나님의 뜻을 깨닫게 하시고 매일의 삶을 인도하신다. 우리 하나님은 인간의 생각을 무시하고 무조건 강압적으로 이끄시는 분이 절대 아니다.

종교적 언어를 많이 사용해서가 아니라 종교적 언어를 바르게 사용해야 우리가 영적으로 성숙하고 바른 신앙을 가질 수 있다. 우리가 이렇게 바른 신앙의 기초 위에 바로 서면 이단이나 사이비 등이 우리 주변을 얼씬거리지 못한다. 진정 그래야만 교회가 바로 서게 된다.

• 한국 교회 변혁과 사회적 제자도 실현을 위한 33일의 기도 •

언어를 창조하셔서 우리로 하여금 언어를 사용하며 살게 하신 하나님, 우리 입에서 나오는 말이 생명을 살리기도 하고 죽이기도 함을 믿습니다. 우리 입으로 주님을 욕되이 말하지 않게 도와주옵소서. 신앙생활을 한 지 조금 되었다고 믿는 사람들이 이상한 종교적 언어를 사용하기보다는 하나님께서 의도하신 참된 인간성을 잘 드러내는 언어를 사용하게 하여 주옵소서. 우리의 말을 듣는 사람들이 이 말로 인하여 지혜를 얻고, 유익을 얻으며, 감정도 치유되고, 유쾌해질 수 있도록 우리의 혀를 주님께서 제어해 주시기를 원합니다. 우리 주 예수 그리스도의 이름으로 기도합니다. 아멘.

방언, 해도 되는가?

개혁신학 내에서 방언을 바라보는 시각은 두 가지가 있다. 그중 하나가 방언은 초대교회에 하나님께서 계시를 주시는 수단의 하나였다고 보는 시각이다. 다시 말해 방언은 계시적 은사라는 것이다. 이들은 방언이 계시의 시대에만 있는 것으로 오늘날에는 없다고 본다. 왜냐하면 주님의 재림 때까지는 더 이상 새로운 계시가 없고 오로지 성경을 통해서만 하나님의 뜻을 알 수 있다고 보기 때문이다. "소리를 내어 기도할 때에는 알려진 언어로 해야 한다"고 한 웨스트민스터 신앙 고백서를 비롯해, 3대 칼빈주의자 중 하나인 프린스턴의 벤자민 워필드 B. B. Warfield 와 웨스트민스터의 리처드 개핀Richard Gaffin, Jr., 녹스 신학교의 로버트 레이몬드Robert Reymond 등이 이런 입장을 잘 설명해 주고 있다.

이들은 웨스트민스터 신앙고백서를 따르면서 중요한 개혁신학적 이해를 계승하고 있다. 그러나 이분들이 오늘날 기적은 전혀 일어나지 않는다거나 성령의 역사를 부인한 일은 전혀 없다. 이들은 주님이 기도의 응답으로 우리가 전혀 생각 못한 일을 하실 수 있다는 사실을 부정하지 않는다. 다만 하나님의 의도에 따라 성경이 완성되고 난 뒤에는 더 이상 새로운 계시가 주어지지 않으므로 계시 시대에 계시의 전달 수단 중 하나인 방언도 더 이상 존재하지 않는다고 본다.

또 하나의 개혁신학적 이해는 계시 시대에 방언이 계시의 도구였다면, 오늘날의 방언은 계시의 도구가 아닌 다른 의미로 존재한다고 본다. 이런 입장은 결국 성경에 나타난 방언과 오늘날에 나타나는 방언이 같지 않다고 보는 것이다. 따라서 이들은 오늘날의 방언 중에는 옳지 않은 방언도 있으며, 그런 까닭에 항상 영을 분별하고 옳지 않은 방언을 하지 않도록 힘써야 한다고 말한다. 정리하면 이렇다.

첫째, 오직 성령만이 하나님이 원하시는 대로 은사를 나누어 주실 수 있다. 따라서 모든 그리스도인이 다 방언하는 것은 아니며, 또한 방언을 하는 그리스도인과 방언을 하지 않는 그리스도인 사이에는 차이가 없다.

둘째, 영적 은사는 모두 자기 자신과 교회에 덕을 세우기 위해 주어진 것이다. 따라서 개인적인 성화를 이루며 교회를 세우는 일에 헌신하지 않는 방언은 성령님께서 주신 방언이 아니다.

셋째, 공공의 집회에서는 방언을 삼가야 한다. 방언은 하나님과 은밀하게 만나는 골방에서만 할 수 있다. 만일 그렇지 않다면 성경적 가르침을 따르지 않는 것이다.

이 두 가지 견해에 의하면, 오늘날 나타나는 상당히 많은 방언 현상은 이 두 가지 견해 모두와 상충하는 것을 발견할 수 있다. 그렇다면 오늘날 우리는 성경의 가르침을 무시한 채 개인의 경험에 근거해 신앙생활을 하고 있는 것은 아닌지 돌아볼 필요가 있다. 무엇보다 우리는 첫째, 하나님의 뜻에 일치하는가, 그리고 둘째, 교회를 이 땅에서 세워 가는 데 도움이 되는가에 비추어 옳은 판단과 행동을 해야 할 것이다.

• 한국 교회 변혁과 사회적 제자도 실현을 위한 33일의 기도 •

우리를 구원하시고 여러 은사 가운데 살게 하신 성령 하나님, 오순절에 지중해 연안에서 온 많은 사람들이 각기 '자기가 난 곳 방언'으로 하나님의 큰일 말함을 듣게 하시니 감사합니다. 이로써 인간의 죄악으로 나눠진 언어가 종국엔 극복될 것임을 예표하셨나이다. 우리는 어리석어서 고린도 교회에서 나온 방언이 외국어인지 천사의 말인지 구별하지 못합니다. 하지만 바울 사도가 말한 것처럼 방언을 비롯한 모든 은사가 성령님이 원하시는 대로 주시는 것임을 믿으며, 오늘날에는 사도시대와 같은 계시적 방언이 없다는 것을 믿습니다. 모든 은사가 궁극적으로 교회를 세우기 위해 있는 것처럼 방언도 성령님의 인도를 따라 신약 교회를 세우는 것인지 아닌지 분별하게 하옵소서. 방언으로 기도할 때는 은밀한 가운데 해서 우리 공동체의 질서를 흔들지 않게 도와주옵소서. 교회를 통치하시는 예수님의 이름으로 기도합니다. 아멘.

인간도 영원한 사랑을 할 수 있다?

시나 소설, 드라마 등의 내용을 보면 어쩐지 어떤 환상을 심어 준다는 생각이 든다. 그중 하나가 인간의 사랑은 영원할 수 있다는 것이다. 천 년을 뛰어넘는 사랑을 노래하기도 한다. 이것은 어쩌면 인간의 사랑이 영원하지 않기 때문에 역설적으로 그것을 찬미하는지도 모른다. 그럼에도 은연중에 드러나는 대중문화 속에서 나는 인간의 오만함을 발견하곤 한다.

지속성을 포기한 포스트모던 시대에 사랑의 영원을 노래하는 이 역설적인 상황을 어떻게 이해해야 하는가?

인간의 사랑은 온전하지 않다

어쩌면 오늘날 현대인들에게 필요한 것은 인간의 실상과 정체를 현실적으로 이해하는 일인지도 모르겠다. 인간의 실상은 대단히 이기적이며 탐욕스럽다. 탐욕스런 욕구를 충족시키기 위해 인간은 치졸해지기도 한다. 그러나 인간은 자신의 이기성과 탐욕스러움, 치졸함을 솔직하게 인정하지 못한다. 솔직해지는 대신 위선으로 위장한다. 합리적인 이유를 둘러대거나 도리어 이타적인 동기로 위장하는 것이다.

물론 우리는 진심으로 누군가를 사랑할 수 있다. 평생을 함께한 어르신들의 사랑을 보면 감탄스럽다. 기다리고 인내하는 부모의 사랑도 아름답다. 하지만 우리의 참사랑을 위해서라도, 그 사랑을 모독하지 않기 위해서라도 우리 자신에 대해 솔직해져야 한다.

그런데 인간은 과연 진정한 사랑을 할 수 있을까? 우리 죄를 위해 이 땅에 성육신하여 십자가에서 돌아가시고 부활하신 예수님만이 진정한 사랑을 알 것이다. 인간은 도저히 그 사랑을 흉내 낼 수 없다.

그리스도인은 그 하나님의 사랑에 의해 존재 전체가 변화되어 그 사랑을 본받으며 세상에 그리스도의 사랑을 드러내는 사람들이다. 그런데 우리는 과연 그런 삶을 살고 있는가? 우리는 위선으로 위장하지 말고 솔직하게 사랑하지 않는 자신의 모습을 인정해야 한다. 그리고 "나의 믿음 없음을 용서하시고 불쌍히 여기소서"라고 기도해야 한다.

나의 인간됨에 절망하며 내가 보잘것없는 존재라는 것을 인정하는 사람만이 하나님의 사랑을 찬양할 수 있다. 먼저 우리의 이기성과 사랑 없음을 인정하고 회개하며 고백해야 한다. 회개와 고백이 아닌 다른 말은 변명일 뿐이며 거짓이고 위선이다.

성령님의 힘으로만 가능한 사랑

그렇다면 인간은 과연 하나님의 사랑을 본받아 사랑할 수 있을까? 성경은 성령의 힘으로 가능하다고 말한다. 다만 우리가 성령의 도우심에 복종하지 않기 때문에 그럴 수 없을 뿐이다. 성령의 힘 안에서만 사랑이 가능하다. 그가 주신 사랑이 아니라면 그것은 위선이고 거짓일 뿐이다. 그런 상황에서는 말만 많아진다. 진정한 사랑은 말없이 그저 사랑한다. 그리고 그런 사랑만이 진정 영원할 수 있다. 오직 성령님의 능력 안에서 하나님의 사랑만이 영원하기에….

> **• 한국 교회 변혁과 사회적 제자도 실현을 위한 33일의 기도 •**
>
> 사랑의 원천이시고 삼위일체인 성부 하나님, 영원히 사랑받으시는 하나님의 아들이시고 우리의 구원을 위해 사랑으로 세상에 오시어 구속을 이루신 예수님, 그리스도의 구속을 우리에게 적용시키셔서 진정 우리로 하여금 사랑하게 하시는 사랑의 성령님, 감사합니다. 삼위 하나님의 영원하신 사랑과 우리에게 베푸신 사랑으로 인해 이 세상에 사랑이 가득함을 믿습니다. 그러나 우리는 스스로 사랑할 수 있는 듯이, 더구나 영원히 사랑할 수 있는 듯이 생각합니다. 우리의 어리석음을 불쌍히 여겨 주옵소서. 모든 진정한 사랑은 삼위일체 하나님 안에 있다는 것을 깨닫고 주님 안에서 사랑하게 하여 주옵소서. 우리 주 예수 그리스도의 이름으로 기도합니다. 아멘.

질병은 죄 때문에 온다?

사람들은 병 때문에 고생하고 죽기도 한다. 이것은 과거에도 그랬고 의학이 발달한 오늘날에도 그렇다. 의학이 불치의 병을 극복할 때마다 에이즈, 사스, AI, 암과 같은 병이 역습을 하고 있다. 수많은 사람들의 목숨을 앗아 가는 병을 우리는 어떻게 봐야 하는가?

하나님께서 사람을 처음에 창조하셨을 때는 이 세상에 병이 없었다. 하나님으로부터 나온 모든 것이 선했기 때문이다. "하나님 보시기에 심히 좋았더라"고 말씀하신 대로 창1:31 하나님은 우리가 건강하고 온전하게 살 것을 의도하셨다. 그러나 사람이 죄악을 범한 후에 그 결과로 사람과 피조계 전체가 저주를 받게 되었다. 그로 말미암아 이 세상에는 수많은 문제가 생겼는데, 그중 하나가 병이다. 타락 후 전에 없던 "가시와 엉겅퀴"가 이 세상에 있게 된 것과 같이 창 3:18, 수많은 병들이 있게 된 것이다.

그 병들은 때로 타락 후의 상황에서 일종의 인과응보로 자연스럽게 주어지기도 하고, 때로 하나님께서 특정한 사람들을 징계하시기 위해 주어지기도 한다. 예를 들어, 인플루엔자가 돌고 있는 상황에서 건강에 유의하지 않고, 피곤하게 살며 외출 후에 손을 씻지 않고 하면 자연스럽게 감기에 걸리기 쉽다. 이것이 자연스런 인과응보적 질병이다. 한편 하나님의 징계로 인한 병은 성경에서 얼마든지 찾아볼 수 있다.

질병은 하나님의 심판인가?

옛날 유대인들은 병은 하나님의 심판의 결과라고 생각했다. 심지어 예수님의 제자들조차 그렇게 생각해서 예수님께 다음과 같이 물었다.

> 제자들이 물어 이르되 랍비여 이 사람이 맹인으로 난 것이 누구의 죄로 인함이니이까 자기니이까 그의 부모니이까 (요 9:2).

유대인들은 이렇듯 죄와 병을 기계적으로 연결하는 데 익숙했다. 그래서 나면서부터 맹인인 사람은 누구 죄 때문에 이런 병에 걸린 것이냐고 물은 것이다. 선천적인 맹인에게도 이렇게 죄의 굴레를 씌우는데, 하물며 후천적으로 맹인이 되거나 병에 걸린 사람이라면 어떠했을지 충분히 짐작할 수 있다.

예수님은 이들의 기계적인 대응에 대해 바른 가르침을 주셨다.

> 예수께서 대답하시되 이 사람이나 그 부모의 죄로 인한 것이 아니라 그에게서 하나님이 하시는 일을 나타내고자 하심이라(요 9:3).

하나님의 심판의 결과로 병에 걸릴 수 있다. 하지만 이때에도 하나님은 어떤 죄에 대하여 반드시 병에 걸리게 하는 식으로 일하시지 않는다. 이 세상의 병은 죄 때문에 주어진 것임에 틀림없지만, 기계적인 대응을 찾기는 어렵다.

죄의 삯은 사망이지만 롬 6:23, 성경은 때로 하나님이 죄를 범하는 사람을 죽을 때까지 그대로 두었다가 그가 죽고 나서 벌하시기도 한다고 말한다 시편 73:3-9 참조. 그러므로 이 세상에서 평안한 삶을 사는 죄인들은 "주께서 참으로 그들을 미끄러운 곳에

두시며 파멸에 던지시니 그들이 어찌하여 그리 갑자기 황폐되었는가"라고 할 만하다 시 73:18-19.

또한 주님은 불신자들에게 섭리적 심판을 내리는가 하면 믿는 백성에게도 죄의 징벌로 약하게 하고 병들게도 하신다 고전 11:30 참조. 그러나 그것도 기계적으로 주어지는 것은 아니다.

어떤 사람은 애매하게 고난당하고 병들어 죽기도 한다. 예를 들어, 수혈을 잘못 받아 에이즈에 걸려 죽는 경우다. 욥의 고난처럼 신앙을 연단하여 정금같이 만들기 위해 병이 주어지기도 한다. 그러므로 우리는 병들고 고난당하고 죽는 일에 대해서 어떤 한 가지 시각만 가지고 기계적으로 대응하는 오류를 범해서는 안 된다.

병 자체는 문제가 아니다

그리스도인은 병에 대해 다음과 같은 시각을 견지해야 한다.

첫째, 병을 하나님의 심판이나 마귀의 역사로 보아선 곤란하다. 다시 말해 병에 걸리는 모든 경우를 천벌을 받은 것처럼 생각하거나 말해서는 안 된다. 모든 병은 다 귀신 때문에 주어진 것이라면서 귀신을 몰아내야 병이 낫는다는 생각도 옳지 않다.

둘째, 병마(病魔)라는 말을 사용하지 않아야 한다. 이 말은 모든 병이 마귀의 작용으로 생기는 것처럼 느껴지게 만들기 때문이다.

셋째, 혹시 우리에게 병이 생겼을 때 겸허하게 하나님께 그 이유가 무엇인지 묻고, 만일 죄 때문이라면 회개하며, 우리를 정금같이 단련하기 위한 것이라면 기대하고 기다려야 한다. 물론 평소 건강을 유지하도록 노력해야 한다.

그리고 만일 병이 생겼다면 이렇게 하자.

첫째, 주께서 초자연적인 방식이나 아니면 의사와 약을 사용하여 이 부자연스러운 상태에서 건져 달라고 기도한다.

둘째, 혹시 주께서 내가 죽기까지 병을 지니고 있기를 원하신다면, 그것으로 족한 줄 알고 하나님의 능력이 우리의 연약함 가운데서 더 잘 드러나기를 기도한다. 그리고 하나님께 대한 온전한 신앙을 유지하며 주변의 같은 연약함을 가진 사람들을 위로한다.

셋째, 하나님 나라의 극치에서는 더 이상 병드는 것과 죽는 것이 없으므로 그 나라의 극치가 속히 임하기를 기도한다.

하나님의 백성에게는 병과 고난 그 자체가 문제가 안 된다. 하나님을 의지해 병을 극복하거나, 병을 앓는 중에도 하나님과 바른 관계를 갖는 것이 사실은 가장 큰 문제이며 우리의 과제다.

> • 한국 교회 변혁과 사회적 제자도 실현을 위한 33일의 기도 •
>
> 생사화복을 주관하시는 삼위일체 하나님, 인간이 죄악에 빠지지 않았더라면 이 세상에 그 어떤 질병도 그 어떤 고통도 있지 않았을 것입니다. 하지만 우리의 죄악으로 인해 이 세상에 많은 고난이 있음을 인정합니다. 고난 속에서 죄악이 그 원인임을 절감하게 하옵소서. 그러나 고난이 오로지 죄악 때문이라는 기계적인 생각에 빠지지 않게 하옵소서. 하나님만을 철저히 의존함으로 병을 앓든지 극복하든지 하나님과 바른 관계를 갖는 데 더욱 힘쓰게 하옵소서. 우리 주 예수 그리스도의 이름으로 기도합니다. 아멘

― 제4부 ―

이단, 사이비 운동의 유혹

• • •

관상기도는 무엇이 잘못인가?
치유 사역 중심 목회의 위험성
세상이 말하는 종말은 왜 가짜인가?
WCC는 진정한 교회연합 운동인가?
와그너와 신사도 운동의 오류
신천지는 왜 이단인가?

관상기도는 무엇이 잘못인가?

오늘날 진정한 의미의 그리스도인이 적다 보니 온전치 못한 정도가 아니라 심각하게 왜곡된 영성의 표현들이 나타나고 있다. 사실을 말하면 너무 많다. 그리스도 안에서 회복된 영성의 온전한 표현은 무엇이며, 오늘날 심각하게 왜곡된 영성의 표현들에는 무엇이 있는지 알아보자.

천주교회의 왜곡된 영성 훈련 전통

그리스도를 통하여 하나님과 바른 관계를 회복했다고 하면서도 그 관계성을 잘못 표현하는 모습 중 하나로 천주교의 영성을 생각할 수 있다. 천주교회에서 일반적으로 제시하는 영성과 영성 훈련 방법뿐 아니라, 우리 스스로 노력해서 하나님과 더 깊이 있는 관계로 나아갈 수 있다고 보는 것도 이에 해당된다. 이는 성경이 말하는 하나님과 우리 관계의 기본 이해와 부합하지 않는다. 성경은 우리가 하나님과 바른 관계를 시작하거나 지속해 나가는 데 있어 우리가 기여하는 바는 전혀 없다고 분명히 말한다. 우리는 그저 하나님이 홀로 이루신 것을 믿고 온전히 의존할 수 있을 뿐이다.

그러나 일반적으로 천주교회가 말하는 영성 훈련영신 수련은 첫째, 정화의 길 via purificativa 을 거쳐 둘째, 조명의 길 via illuminativa 을 지나 급기야 셋째, 은혜의 주입에 의한 일치의 길 via unitiva 을 향해 나아간다고 본다. 그 배후에는 천주교회의 반+펠라기우스주의 semi-Pelagianism 적 구원 이해가 있다. 그런 점에서 천주교회의 영성은 건전하고 바른 영성이기보다는 왜곡된 영성이라고 봐야 한다.

오늘날 어떤 천주교도들은 전통적 천주교회에서 사용한 영성 훈련과는 다른 영성 훈련으로 자신들의 영성을 드러내고 개발하려고 한다. 미국 매사추세츠 주 스펜서에 있는 성 요셉 수도원 St. Joseph Abbey 의 트라피스트 수도회의 수도자 Trappist monk 요, 피정 지도자 retreat master 였던 윌리엄 메닝거 William Menninger 는 수도원

도서관에서 1974년에 『무지의 구름』 *The Cloud of Unknowing* 이라는 14세기 중세 영어로 쓰인 책을 읽게 된다. 그리고 그 책에서 언급된 소위 관상 contemplation 을 자신의 수도원 피정에서 현대의 평범한 사람들이 하나님과 직접적으로 하나가 되는 영적 경험을 하는 데 적용하기 시작한다. 1년 후 수도원장인 토머스 키팅 Thomas Keating 과 바실 페닝톤 M. Basil Pennington 도 젊은 천주교인들이 동방정교회적 명상에 젖어드는 것을 막기 위해 이 영성 훈련에 적극 가담하여 헌신하게 된다.

후에 토머스 머튼 Thomas Merton 이나 바질 페닝톤 등이 향심기도 Centering Prayer 라고 부른 이 관상기도는 자신을 하나님 중심으로 집중시키는 것이다. 이 향심기도를 어떤 사람은 관상기도와 동일시하는가 하면, 어떤 사람은 관상기도를 위한 준비라고 보기도 한다. 한편, 오늘날 신구교를 막론하고 많은 사람의 이목을 끄는 헨리 나우윈 Henri Nouwen 신부도 관상 기도를 강조한다.

천주교 학자들 중에는 이 같은 영성 운동을 천주교 전통의 영성 표현과는 거리가 멀다고 비판하시는 분들도 있다. 이는 대체로 토마스 머튼 등이 동양적 명상을 끌어들여 관상기도와 결합시키려는 것에 대한 반발에서 비롯되었다고 본다. 토마스 머튼은 관상적 의식 contemplative consciousness 은 "초문화적이고, 초종교적이며, 형태도 초월하는 의식"이라면서 "그것은 종교나 무종교를 망라하여 이런 저런 종교 체계 모두를 관통하여 비쳐 나오는 것이다"고 말한다. 여기서 뉴에이지 운동에 몸담았다가 천주교회로 개종한 사람들이 머튼 등이 제시하는 이 관상기도가 뉴에이지에서 명상하던 것과 별 차이가 없다고 말하는 것에 주목해야 한다. 그럼에도 상당수의 천주교도들은 이런 접근을 수용하는 분위기다.

그러나 우리는 전통적인 천주교회의 영성 추구나 현대의 관상기도 같은 영성 추구 모두 왜곡된 영성 표현이라고 본다. 왜냐하면 모두 은혜에 근거한다면서도 인간의 노력으로 무엇인가를 이루려 하기 때문이다.

> **● 한국 교회 변혁과 사회적 제자도 실현을 위한 33일의 기도 ●**
>
> 모든 영혼의 아버지이신 하나님, 우리를 몸과 영혼을 가지고 살게 하심을 감사드립니다. 그러나 어떤 사람은 몸이 전부인 줄 아는 어리석음을 범하고, 어떤 사람은 그 영혼이 자기 것인 양 마음대로 어두움 가운데로 지나며 죄악을 범하기도 합니다. 주님, 이렇게 어리석은 백성을 불쌍히 여기옵소서. 오늘날 영성을 추구한다고 하면서 성경의 가르침에서 벗어나 잘못된 영성을 추구하는 사람을 돌이키시옵소서. 온전한 영이신 삼위일체 하나님을 성령님의 인도 가운데 바르게 추구하며 나아가게 하옵소서. 우리가 제대로 된 의미의 '영성'이라는 말을 회복하도록 우리의 영성을 먼저 회복시키시고, 이런 영성을 추구하는 일을 속히 허락해 주옵소서. 예수님 이름으로 기도합니다. 아멘.

치유 사역 중심 목회의 위험성

 먼저 일반적으로 치유 사역 중심으로 목회하는 일의 일반적인 문제점을 지적하고, 교회 안에서 치유를 위한 기도의 정당한 위치를 생각해 보기로 하자.

치유 때문에 교회로 모인다?

치유 사역을 중심으로 하는 교회에 성도들이 모이는 이유도 치유 사역 때문이기 쉽다. 성도가 함께 모여 병을 앓는 교우를 위해 합심하여 기도할 때 그 응답으로 치유가 일어나는 것은 지극히 자연스러운 일이다. 그러나 예수님은 치유를 목적으로 모이는 것을 바른 것이라고 하지 않으신다. 함께 모여 기도하고 예배드리는 가운데 치유가 일어나는 것은 자연스런 일이지만 오로지 치유를 목적으로 기도하고 예배하는 것은 교회의 본질에서 벗어나는 것이다.

한편, 병을 앓는 교우를 위해 기도할 때도 하나님 나라와 교회를 위해 건강하기를 기도해야지 개인의 유익을 위해 건강을 달라고 기도하지 않도록 해야 한다. 주께서 가르치신 기도에 의하면, 먼저 하나님의 뜻을 구하고 하나님 나라를 구하는 과정에서 우리의 일용한 양식과 필요한 것에 대한 간구가 따라 나오고 있다. 기도는 우리의 필요와 유익을 위해 주문을 외서 마술을 부리는 행위가 아니다. 기도는 하나님의 백성이 하나님과 거룩한 교통을 하는 것이며, 그 과정에서 주님이 원하시면 주의 일을 하기에 유익하도록 우리의 건강을 회복해 주시는 것이다. 그러므로 교회는 하나님 나라의 관점에서 하나님 나라를 구해야 하며 하나님의 뜻에 따라 병 고침을 달라고 구해야 한다.

그런데 병 고침을 위한 기도는 한 사람이 기도하기보다는 온 교우가 같이하는 것이 좋다. 그래야 오해하는 일도 없고, 실수하는 일도 없으며, 주께서 불쌍히 여기셔서 우리의 병을 치료해 주시면 온 교회가 주님의 신실한 응답에 감사할 수 있다. 어떤

한 사람을 중심으로 기도하지 않는 것이 교회 전체를 위해서나 본인을 위해서나 유익한 일이다. 주님만 영광 받도록 해야 한다.

한편, 치유와 관련해 기부나 헌금을 은밀히라도 조장해선 안 된다. 치유하시는 분은 하나님이고, 주께서 그에 대해 어떤 대가도 요구하시지 않기 때문이다. 특히 개인에게 돈을 내는 것은 교회적이지도 기독교적이지도 않다.

주님은 우리를 가장 온전한 사람이 되도록 하기 위해 치유를 허락하신다. 주님의 은혜로 치유함을 받은 사람이나 그 치유를 위해 간절히 기도한 교우들 모두가 그 사실을 잊지 말아야 한다. 결국 우리의 인격이 하나님 보시기에 가장 온전한 사람이 되어야 하는 것이다. 특히 교회의 지도자 역할을 하는 사람들이 성령님의 은혜 가운데서 인격적으로 온전해져야 한다. 그런 열매가 없는 사역은 성령님께서 일으키시는 사역이라고 할 수 없다.

치유 사역, 무엇이 문제인가?

소위 '열방교회'에서 행해지는 치유 사역에 대해 살펴보려 한다. 치유만을 위한 집회가 매일 10시부터 새벽까지 지속된다는데, 교회가 과연 치유 사역을 하기 위해 세워졌는지 고개를 젓게 만든다. 일상의 삶까지 버리고 집회에만 마음을 쏟는 것은 성경적인 가르침이 아니다. 교회는 오히려 성도가 일상의 삶을 충실히 하는 동시에 특정한 시간을 드려 예배와 기도를 하도록 가르쳐야 한다. 주님은 교회가 치유 사역에만 집중하라고 명령하신 적이 없다.

한편, 몸이 아파 입원한 성도들을 의사의 견해와 상관없이 퇴원을 종용한다는데, 이것은 전혀 성경적이지 않으며 사법 처리도 가능한 범죄 행위다. 교회는 오히려 의사와 간호사가 그 성도를 위한 의미 있는 치료를 할 수 있도록 후방에서 기도해야 한다. 마찬가지로 수술이나 약물 치료를 강하게 거부하는 것도 주님의 뜻과 상관없는 모습이다.

기도 중에 환자의 상태를 투시한다고 하는데, 그런 식의 사역을 성령 사역이라고 주장하는 것도 대단한 착각이다.

또 주기도문 강해 중에 목사가 성도들에게 겁을 주거나 저주할 수 있다는 내용이 나오는데, 그것은 하나님의 형상으로 지음 받은 사람에 대해 저주하지 말라고 하신 성경의 가르침약 3:9-10과 상반되는 것이다. 성도들도 그럴 수 없는 일을 어찌 목사가 저주하고 겁 줄 수 있겠는가?

한편, 열방교회는 신앙의 단계를 노예 단계, 종 단계, 아들

단계, 신부의 단계 등으로 나누어 설명한다. 이것은 매우 임의적인 해석이며 성경은 오히려 될 수 있는 한 나누어 설명하려 하지 않는다. 우리는 믿음으로 다 하나님의 자녀가 되었고, 그리스도 교회의 일원이며, 그런 우리가 모인 교회가 그리스도의 신부다. 그러므로 모든 성도는 하나님의 자녀답게 주님께 온전히 순종해야 한다. 그것이 우리가 모든 성도들에게 요구할 내용이다.

영권, 인권, 물권을 가진 특정한 계급의 사람들이 있다는 이들의 가르침은 성경적이지도 않고 바르지도 않다. 다른 교회에 잘 다니는 사람들을 자기 교회로 옮기라고 권고하는 것도 성경적이지 않을 뿐 아니라 옳지 않다.

> **• 한국 교회 변혁과 사회적 제자도 실현을 위한 33일의 기도 •**
>
> 오늘도 우리를 고치시는 삼위일체 하나님, 주님은 항상 살아 계셔서 우리의 삶을 돌보시고, 간구할 때 들으시고, 병들었을 때에 여러 방도로 고쳐 주심을 감사합니다. 주님이 치유하시는 하나님임을 항상 잊지 않게 하옵소서. 그러나 치유를 목적으로 집회를 하거나 하나님께 접근하지 않도록 도와주옵소서. 오로지 치유만을 중심으로 집회하는 어리석음을 범하지 않게 하옵소서. 우리의 모든 집회나 예배가 회복되도록 하옵소서. 우리가 바른 마음으로 경배할 때 주께서 원하시면 세상이 고치지 못할 병도 주께서 고쳐 주심을 믿습니다. 주님과 바른 관계를 유지하고 바른 마음으로 살게 도와주옵소서. 우리 주 예수 그리스도의 이름으로 기도합니다. 아멘.

세상이 말하는 종말은 왜 가짜인가?

 세상이 종말에 가까왔다는 생각이 2,000년을 앞두고 한 차례 떠들썩하더니, 2012년에도 또 한 차례 떠들썩한 논란이 되었다. 마야인들이 기원전 3114년에 만들었다고 전해지는 달력이 끝나는 날이 2012년 12월 21일인데 이때 지구가 멸망할 것이라고 하는가 하면, 머지않아 태양계 밖에 있는 '행성 X'가 지구에 근접하거나 충돌해서 지구가 멸망할 것이라고 주장하기도 했다. 그리고 이 같은 종말론은 미국 영화 〈2012〉의 주요 줄거리이기도 하다. 사람들은 이런 주장이 과학적인 사실에 근거하지 않았다는 점에서 무시하고 싶어 하면서도 어쩌면 일어날지도 모른다는 생각에 완

전히 무시하지도 못했다. 그래서 일각에서는 혹시 있을지 모르는 지구의 종말을 대비해야 한다고 주장하기도 했다.

우리나라에서도 1992년 시한부 종말론과 1999년에서 2000년을 맞을 때 새 천년 종말론 현상을 겪은 바 있다. 지금도 여전히 종말론을 이용해 사람들을 혼란에 빠뜨리려고 획책하는 무리들이 있다. 성경을 믿는 그리스도인으로서 종말론에 대해 성경은 어떻게 가르치고 있는지 살펴보자.

첫째, 세계의 마지막에 대해서는 "그날과 그때는 아무도 모르나니 하늘의 천사들도, 아들도 모르고 오직 아버지만 아시느니라"마 24:36고 예수님께서 친히 하신 말씀을 믿고 유념해야 한다. 종교적인 입장에서든지 과학적인 입장에서든지 이 '마지막'을 계산하고 추론하는 것은 예수님의 가르침을 믿지 않는 것이며, 예수님이 우리가 가지기를 원하시는 정조情操, sentiments와도 전혀 맞지 않다. 주님은 "어느 날에 너희 주가 임할는지 너희가 알지 못함이니라"마 24:42고 하셨다. 그러므로 그날과 그때를 언제라고 하는 것도 그날을 계산하고 관심을 기울이는 것도 '사이비 종말론'에 다름 아니다.

둘째, 예수님과 성경의 가르침에 의하면 그 마지막 날 때까지 우리는 일상적인 일들을 하나님의 뜻에 따라 정상적으로 수행하고 있어야 한다. 일상의 삶을 잠시 뒤로하고 종말을 위해 준비하는 것은 기독교나 성경적 가르침과 전혀 거리가 멀다. 성도는 항상 깨어 일상의 삶에서 하나님의 뜻을 수행해 나가야 한다. 즉, 우리는 언제나 하나님의 뜻에서 벗어난 모든 삶의 방식과 우리 자신에 대한 추구를 버리고 항상 하나님의 뜻을 추구하고 그것이 이루어질 것을 위해 기도하며 그 하나님의 뜻에 따라 살아가야 한다.

셋째, '성경적 종말론'에 근거해 역사를 보는 우리의 세계관을 분명히 해야 한다. 그렇지 않으면, 이런 저런 종말론의 가르침에 기웃거리게 되고 심지어 가짜 종말론에 발을 담그고 실족할 수 있다. '성경이 말하는 종말론'을 배우고 그것을 근거로 우리의 사유思惟와 사관史觀을 정립해야 하는 것이다.

성경적 종말론이란 무엇인가?

성경적 종말론을 생각할 때 우리는 먼저 하나님의 관점에서 세계와 역사를 이해해야 한다. 즉, 이 세상은 하나님의 창조로 시작되었고 그 하나님의 주장으로 진행되다가 급기야 그 마지막도 하나님의 주관으로 이루어진다는 것이다. 하나님은 시작이

요 마지막이시다. 그래서 헬라어의 처음 자와 마지막 자를 따서 하나님이 '알파'$_A$와 '오메가'$_\Omega$라고 하신 것이다$_{제 1:8}$. 하나님이 이 세상을 시작하신 것처럼 세상을 끝내는 것도 그가 하실 것이다. 이것이 기독교적 이해의 출발점이다.

구약에서는 세상의 끝을 '여호와의 큰 날' 혹은 '세상의 종말'이라고 표현하고 있다. 그러면서 그날이 이르기 전에 메시아가 임하실 것이라고 예언한다. 여기서 우리는 소위 '예언적 원근법'을 유의해야 한다. 구약은 앞으로 일어날 일들이 동시에 일어나는 것처럼 묘사하고 있는데, 이는 멀리서 바라본 관점에서 그렇게 기술한 것일 뿐이다. 그래서 구약적 관점만 가지고 말하면 이 세상의 끝이 와야만 종말이며 이 세상 끝과 관련된 것을 종말론적이라고 말할 수 있다. 실제로 오늘날 대부분의 사람들이 '종말', 혹은 '종말론적'이라는 용어를 이런 관점에서 사용하고 있다. 그런데 과연 그런가?

신약성경을 보면 메시아가 오는 것으로 세상이 '끝'에 이르지 않았음을 알 수 있다. 신약성경은 메시아인 예수 그리스도가 이 세상에 오셔서 '종말론적인 구속 사역'을 이루셨다고 분명히 말하고 있다. 그러나 동시에 세상의 '끝'은 아직 임하지 않았음을 분명히 하고 있다. 그래서 신약의 관점에서는 말세 또는 종말the last days이란 예수님이 사역하시는 시대요, 그 이후가 모두 종말론적인 시기가 된다. 예수님의 계시적 활동이 "이 모든 날 마지막", 즉 종말에 이루어진 것이며히 1:2, 오순절 성령님이 주어진 것은 '말세'에 이루어진 것으로 언급된다행 2:17. 물론 여호와의 큰 날은 아직도 미래에 있으므로 우리는 그날이 오기를 기대하고 기다려야 한다.

이와 같이 세상의 끝은 아직 오지 않았으나 예수님의 오심으로 인해 이미 '마지막 때'말세는 시작되었다. 종말론적 메시아가 이미 임하여 종말론적 메시아의 사역을 이루셨기 때문이다. 다시 말해 종말은 이미 임했으나 이 세상 끝은 아직 임하지 않은 것이다. 우리는 하나님 나라의 '이미'와 '아직 아니'의 사이에 있으며 또한 종말의 '이미'와 '아직 아니' 사이에 있다. 이것이 신약적 종말론이다. 예수님 이후의 시대가 신약 시대이므로 우리는 종말의 '이미'와 '아직 아니' 사이의 시기에 살고 있는 것이다.

그러므로 우리는 마치 구약 시대에 사는 것처럼 생각하고 말하고 행동해서는 안 된다. 이제 신약의 계시를 잘 받은 사람답게 신약적 종말론에 충실하게 생각하고 말하며 살아야 하는 것이다. 다시 말해 "장차 또는 곧 종말이 올 것이다"는 식으로 생각하거나 말해서는 안 되고, '이미' 종말이 임하였으나 '아직 아니'인 시대에 살고 있다고 말해야 하는 것이다. 이것을 '실현되어 가는 종말론'realizing eschatology 또는 '도입된 종말론'inaugurated eschatology이라고 한다. 신약의 계시를 받은 우리는 세상에서 유행하는 이러저러한 종말론에 흔들릴 수 없다. 우리는 예수님과 사도들의 가르침이라는 굳은 터 위에서 신약성경적 종말론에 충실한 사람으로 살아야 한다.

> **• 한국 교회 변혁과 사회적 제자도 실현을 위한 33일의 기도 •**
>
> 온 세상을 창조하시고 시작과 끝이 되시는 하나님, 우리들로 하여금 처음과 마지막을 생각할 수 있도록 계시해 주셔서 감사합니다. 우리는 구약의 간구와 소망인 예수님의 탄생으로 이미 종말의 시대를 맞았으나 '종말의 극치'인 예수님의 재림은 아직 오지 않은 때를 살고 있습니다. 우리가 이런 시대를 분별하게 하옵소서. 세상 사람이 주장하는 가짜 종말론에 흔들리지 않게 하옵소서. 성경의 가르침에 귀를 기울이며, 예수 그리스도가 이루신 구속을 기억하게 하옵소서. 성경을 배운 사람답게 바른 생각과 진중함을 가지고 주님이 이루시려는 종국을 바라보며 살게 도와주옵소서. 예수님의 이름으로 기도합니다. 아멘.

WCC는 진정한 교회연합 운동인가?

 2013년 WCC 제10차 총회를 부산에서 유치하기로 했다는 소식이 들렸을 때도, 그리고 10차 총회가 진행되는 동안에도, 심지어 총회가 끝난 지금에도 이에 대한 서로 다른 의견이 분분하다. WCC를 중심으로 에큐메니컬 운동을 하는 측에서는 한국의 경제 성장과 한국 교회의 위상을 위해 이 같은 총회의 유치가 매우 자연스러운 일이라고 보며, 이번 총회가 성공적으로 개최되었다고 자평自評한다. 예장통합 측 사무총장은 "제10차 WCC 총회가 부산에서 열린 것은 21세기 세계 교회의 비전과 방향을 설정하는 데 있어서 한국의 역할에 대한 기대와 소망이 크다는 것을 의미한다. 이

는 하나님께서 한국 교회에게 주신 은혜이자 도전이다"고 말했다. 2014년에 G20 정상 회담이 열리는 만큼 한국 교회 주최로 WCC 총회가 열린 것에 대해 의미를 부여하고 있는 것이다.

그러나 WCC 가입에 반대하는 또 다른 측에서는 과연 WCC가 올바른 에큐메니컬 운동인가를 묻는다. 지난날 승동측과 연동측으로 나뉘어 교단 총회를 하고, 결국 합동측과 통합측으로 갈린 경험을 근거로 반성을 촉구하는 것이다. WCC가 기존의 신학적 입장을 바꾸어 보수적인 교회들까지 포함하는 국제적인 교회 연합 기구가 되었는가를 진지하게 묻는 것이다.

WCC는 '세계교회협의회'이다. 따라서 여러 교회들의 연합 운동인 만큼 어떤 입장이 WCC의 공식 입장이라고 말하기는 쉽지 않다. 그래서 WCC 운동에 적극 참여하는 사람들의 입장을 인용하여 WCC의 입장을 정리하여 제시하면, 대개 그것은 개인의 입장일 뿐이지 WCC의 공식 입장은 아니라고 반응하는 것을 본다. 그럼에도 불구하고 이전과 마찬가지로 21세기 초 WCC가 천명하는 신학적 입장도 너무 넓다고 하지 않을 수 없다. 물론 WCC는 "성경을 따라서 주 예수 그리스도를 하나님과 구주로 고백하며 삼위일체 하나님의 영광을 위한 공동의 소명을 함께 수행하기 원하는 교회들의 연합이다"라고 주장한다.

그러나 실제로는 아주 다양한 신학이 WCC를 통해 주장되고 있다. 구원에 이르는 길이 다양하게 있을 수 있다고 주장하는 아주 극단적인 종교 다원주의부터 의식적으로 그리스도를 믿지 않아도 실질적으로는 그리스도 안에서 구원받을 수 있다고 주장하는 내포주의 또는 포괄주의에 이르기까지 다양한 생각이 WCC 안에서 주장되고 있다. 오늘날에는 동방 정교회가 WCC 안에서 좀 더 보수적인 입장을 대변한다고 할 수 있다.

한국에서 이 운동을 하는 KNCC의 입장은 더 과격해서 통합측 강남노회 장로회는 KNCC의 극단적 주장을 공식적으로 강하게 비판한 바 있으며, 심지어는 교단이 WCC로부터 탈퇴해야 하지 않느냐는 문제 제기도 심심찮게 나오고 있다. 따라서 WCC는 적어도 과거보다 보수적이지 않은 것은 확실하다.

우리는 어떤 입장을 취해야 하는가?

WCC를 통해 나오는 다양한 신학적 입장 때문에 WCC에 속한 이들을 모두 그리스도 안에서 우리의 형제요 자매라고 할 수 없다는 것은 아주 분명하다. 그렇게 말하기에는 WCC에 참여하는 사람들의 신학적 입장이 너무나 다양하고 그 차이도 크다. 그런 점에서 그리스도를 사랑하고, 성경을 참으로 믿는 사람들은 WCC 운동에 참여할 수 없다.

그렇다면 우리들은 교회의 일치를 위해 어떤 노력도 관심도 기울이지 않아도 되는가? 그렇지 않다. 참된 교회는 진리 안에서 항상 일치를 추구하게 되어 있다. 따라서 오늘날 WCC로 대변되는 아주 극단적인 다양성을 다 인정하면서 통일성과 일치를 추구하기보다는 그리스도의 십자가를 통한 영적인 하나 됨에 근거한 성경적 진리에 충실한 교회들의 하나 됨을 추구해야 할 것이다. "진리가 있는 곳에 교회가 있"듯이 진리 안에서 교회의 하나 됨이 있기 때문이다. 그러므로 성경적 진리에 참으로 동의하는 교회들이 깊이 연합하고 십자가를 통해 이루어진 내적이고 영적인 하나 됨을 외적으로 구현하는 일에 우리는 적극적으로 관심을 갖고 참여해야 할 것이다. 이것이 모든 성경적 신학자들이 말하는 진정한 에큐메니즘이다.

그런 점에서 오늘날 WCC 운동은 진정한 에큐메니즘의 실현으로 보이지 않는다. 다양성의 진폭이 너무 큰 것도 문제이지만 과연 그리스도의 십자가에 근거한 하나 됨을 추구하는가에 대해서도 강한 의구심이 들기 때문이다.

> **• 한국 교회 변혁과 사회적 제자도 실현을 위한 33일의 기도 •**
>
> 거룩하신 하나님, 예수님이 십자가에서 이루신 구속으로 구원을 받아 삼위일체 하나님으로 알고, 배우며, 그 뜻을 따라 살게 하심을 감사드립니다. 그러나 입으로만 믿는다고 하면서 실상은 믿지 않는 불신앙을 우리 안에서 제거하여 주옵소서. 예수 그리스도께서 십자가에서 이루신 구속만이 우리를 구원할 유일한 길임을 부인하거나 믿지 않는 죄악과 어리석음을 제거하여 주옵소서. 이 땅에서 주님의 이름을 부르는 모든 사람들이 진정으로 성경이 말하는 바른 도리를 믿고 그 안에서 살 수 있게 하옵소서. 그것만이 우리가 나아갈 유일한 길인 줄 알아 그 진리에서 벗어나지 않게 도와주옵소서. 예수님 이름으로 기도합니다. 아멘.

와그너와
신사도 운동의 오류

교회 성장학파의 대변자 중 한 사람으로 여겨지는 피터 와그너Perter Wagner와 그의 입장을 존중하고 그를 따르는 사람들이 제시하는 신사도 개혁 운동에 대해 개혁신학적 입장에서 과연 어떤 평가를 내릴 수 있을까?

공정한 평가를 위해 일단 오늘날 예언 운동을 하는 이들 가운데 가장 극단적인 와그너와 그와 의견을 같이하는 몇몇 저자들이 쓴 책 『목사와 예언자』¹를 평가한 내용을 토대로 살펴보자. 이 책에서 와그너와 그를 따르는 사람들은 오늘날에도 사도들과 선지자예언자들이 있다고 전제한다. 이 전제를 바탕으로 그들은 예언자와 목회자가 어떤 관계를 가져야 하는가에 대해 묻고 답하는 형식으로 이 책을 전개한다. 따라서 이 책은 와그너의 『사도들과 예언자들』[2]의 자매편에 속한다.

와그너 등은 이 책에서 우리 시대에 가장 필요한 일은 "예언자들과 예언 사역을 위한 영적인 규약$_{protocol}$을 개발하는 데 온 힘을 집중하는" 것이며 "이 일을 멋지게 완수하여 예언을 믿는 교회 지도자들 사이에서 그 규약이 폭 넓게 받아지도록" 해야 한다고 한다(『목사와 예언자』, 25쪽, 이하 도서명 생략하고 쪽수만 기재함). 그리고 그 규약은 "건강한 교회를 위한 규약"이다. 이제 와그너 등의 견해가 성경적 관점에서 어떤 문제점을 갖고 있는지 구체적으로 살펴보도록 하자.

일반적 문제점들

와그너와 그의 동료들은 세대주의 신학에 근거하면서 그것을 자신의 의도에 따라 적절히 변경하고 있음을 아는 것이 중요하다. 예를 들어, 와그너는 신약 시대를 율법 시대와는 다른 '은혜의 시대'라고 언급하면서 그런 상황에서 예언자는 과연 어떤 존재인지를 묻는다(19쪽). 이렇게 함으로써 그는 두 종류의 대적자를 얻게 된다고 생각한다. 하나는 그의 세대주의적 해석에 반대하는 언약 신학자들이고, 다른 하나는 그의 수정에 반대하는 세대주의적 신학자들이다.

와그너와 그의 추종자들이 가지는 좀 더 심각한 문제는 '성경적'이라고 주장하면서도 그들이 이 말에 부여하는 독특한 함의다. 그러므로 우리는 그들이 '성경적'이라고 하는 말에 숨겨진 의미를 명확히 알 때까지는 선뜻 동의해선 안 된다. 이 얼마나 안타까운 일인가? 그리스도인들이 '성경적'이라는 말의 의미를 일일이 생각해 봐야 하니 말이다. 우리는 왜 이들에게서 이단자들이 흔히 '성경적'이라는 말로 그들의 정체성을 숨기는 것과 같은 느낌을 받는가? 참으로 안타깝기 그지없다.

그들이 '성경적'이라고 말할수록 그들의 성경 주해에 문제가 있음이 노출된다. 다시 말해 그들이 '성경적'이라고 주장하는 것들은 사실 성경적이지 않다. 그 대표적인 예가 에베소서 4장 11절 이하를 근거로 교회의 직분을 말할 때 본문과 상관없는 의미를 삽입하는 것이다. 예를 들어, 와그너는 전도자를 언급하면서 "약 150년 전에 찰스 피니(Charles Finney)가 역사의 무대에 등장하기 전까지는 그렇게 폭 넓게 주목받지 못했다"고 말한다(13쪽). 여기서 우리는 와그너가 초대교회의 전도자들에 대해 관심이 있는 게 아니라, 오늘날의 전도자들에 관심이 있음을 알수 있다. 심지어 그는 그 본문이나 다른 성경 구절에는 있지도 않은 '중보자'_{intercessors}라는 직분을 삽입한다. 그는 모든 그리스도인들이 서로를 위해 기도한다는 일반적인 의미에서 이 말을 사용하는 것이 아니라, 교회의 독특한 직분으로서 이를 언급하면서 이는 "1970년대에 이르러서야 받아들여지기 시작한 직분이다"고 말한다(13쪽).

와그너는 에베소서 4장 11절에 '중보자'라는 직분이 없음을 잘 알면서도 "그러나 중보자는 촉매제처럼, 예언자와 사도들의 길을 예비하는 지극히 중요한 기능을 감당하는 주목할 만한 직분이기 때문에 꼭 언급하고 싶다"(14쪽)고 말한다. 그리고 이를 목사, 교사, 예언자, 사도와 함께 교회의 "5대 직분"이라고 말한다. 와그너가 말하는 교회의 5대 직분(10-14, 29, 37쪽)이란 엄밀히 말하면 성경에 근거한 것이 아니라 오히려 자신의 경험에 근거한 것이다. 흥미롭게도 와그너뿐만 아니라 이 책의 다른 저자들도 이와 같은 '5대 직분'에 대해 같은 이해를 나타낸다(57-59, 73, 107, 126쪽). 그들은 이런 이해를 와그너로부터 배워서 같이 공유하는 듯하다. 그리고 이것은 그들이 성경의 본래적 의미에 근거하기보다는 오늘날 그들이 이런 역할을 하는 사람이 있다고 생각하는 자신들의 경험에 근거해서 논리를 전개함을 드러낼 뿐이다. 이처럼 그들은 철저히 성경에 근거하지도 않고, 교회사적 전통에 근거하지도 않은 개념들을 자기들끼리 공유하면서 그것이 성경적인 것인 양 사람들에게 제시한다. 얼마나 위험천만한 일인지 모른다.

톰 해몬Tom Hamon은 오늘날 예언이 있을 수 있다고 말하면서 에베소서 1장 17절 말씀을 인용한다(123f. 쪽).

> 우리 주 예수 그리스도의 하나님, 영광의 아버지께서 지혜와 계시의 영을 너희에게 주사 하나님을 알게 하시고(엡 1:17).

그런데 바울은 과연 이 본문이 말하는 "지혜와 계시의 정신(영)"이 소위 제한된 의미의 예언자들에게만 있다는 의도로 말하고 있는가? 오히려 모든 그리스도인이 지혜와 계시의 정신으로 충만하여 하나님의 뜻을 잘 분별할 것을 말하고 있지 않은가? 그럼에도 이것이 주로 목회자와 소위 예언자들에게 해당하는 것처럼 생각하는 것은(124, 136쪽) 이들이 가진 성경 주해의 자의성을 잘 드러낸다고 할 수 있다.

근원적인 문제

이들의 근원적인 문제는 오늘날에도 예언자들이 있다고 주장하는 것이다. 그리고 이것의 가장 근본적인 문제는 오늘날에도 하나님의 직접적인 계시가 주어진다고 하는 것이다. 그러므로 와그너 등의 주장은 오늘날 가장 세련된 형태로 제시되는 직통 계시파에 다름 아니다. 와그너 자신은 이미 오래전부터 예언을 다음과 같이 정의해 왔다.

> 예언은 하나님께서 그리스도의 몸에 속한 특정한 구성원들에게 허락하시는 특별한 능력으로, 거룩하게 기름 부으신 선포를 통하여 그분의 백성들에게 하나님의 즉각적인 메시지를 전달하기 위한 수단이다.[3]

그리고 와그너는 "예언자는 하나님의 음성을 듣고… 이것은 예언자가 받은 은사"라고 주장한다(50쪽). 그래서 그는 이런 예언이 오늘날에도 있다고 생각하여 1999년 콜로라도스프링스에서 소위 2,500명의 예언자들과 예비 예언자들을 모아 전국예언자학교 the National School of the Prophets 를 개최하기도 했다(41쪽).

와그너는 여러 형태의 계시가 더 더해질 것이라고 주장한다. 특히 현재로서는 자신이 전도자의 은사와 직분에 대한 이해가 별로 없지만 "하나님께서 가까운 장래에… 전도자들에 대한 새롭고 놀라운 통찰을 계시하실 것이라는 잠재된 예감이 〔자신〕 안에 자리 잡고 있다"고 말한다(31쪽). 그리고 그는 "교회에 예언자들이 없는 것보다는 있는 것이 훨씬 더 건강하다"고 단언한다(49쪽).

톰 해몬Tom S. Hamon 역시 같은 견해를 표명한다. "… 예언이 없다면 〔교회가〕 마땅히 드러나야 할 건강한 모습을 보여 줄 수 없다"(132쪽).

또한 와그너는 오늘날에도 있는 이 예언자들과 (후에 언급될) 사도들이 교회의 기초라고 주장한다(49쪽). 와그너는 이와 같이 하나님의 계시가 지속적으로 주어진다고 생각하는 것이다.

심지어 스테판 맨스필드Stephen L. Mansfield는 이렇게까지 말한다. "하나님께서는 개인적인 예언자들만이 아니라, 예언하는 사람들을 일으키고 계신다…. 지혜로운 목회자들의 사역은 진정한 예언적 교회가 이 세대에 일어나리라는 소망을 품을 수 있는 가장 커다란 이유다"(74f. 쪽).

캔자스시티의 국제기도의집International House of Prayer: IHOP 대표

로 있는 마이크 비클Mike Bickle은 자신이 목회하는 메트로 교회 Metro Christian Fellowship에는 "예언적인 꿈, 이상, 그리고 환상을 보는 수많은 사람들이 있다"고 말한다(79쪽).

한국 교회는 이런 주장에 대해서 과연 어떻게 생각할까? 우리가 이 질문에 대답하기 전에 유념해야 하는 한 가지 중요한 사실은, (성경 이외에 하나님의 직접적인 계시가 오늘날에도 지속적으로 계속된다는) 이런 생각은 그동안 장로교 신학개혁신학과 정통 신학에서 일반적으로 주장해 온 바와 정면으로 배치된다는 것이다. 예를 들어, 웨스트민스터 신앙고백서 가운데 1항 마지막에 있는 "하나님께서 자기 백성에게 자신의 뜻을 계시해 주시던 과거의 방식들은 이제 중지되어 버렸다"는 진술과 6항 중에 "이 성경에다 성령의 새로운 계시에 의해서든 아니면 인간들의 전통에 의해서이든 아무것도 어느 때를 막론하고 더 첨가할 수가 없다"는 진술은 와그너 등의 주장과 상당히 배치된다는 것을 알 수 있다.[4] 성경적인 개혁신학자들은 아주 온건한 형태의 예언 인정을 위한 논의에 대해서도 강하게 반박해 왔다.[5] 개혁신학자의 한 사람인 로버트 레이몬드 교수Robert L. Reymond의 다음과 같은 입장을 들어 보라:

> 하나님께서 오늘날도 예언자들과 방언을 통하여 사람들에게 직접적으로 말씀하신다고 믿는 것은 그만큼 그가 성경을 하나님으로부터 온 말씀으로 절대적으로 필요로 하지 않는 것이며 따라서 오직 성경의 위대한 종교개혁적 원리를 버려 버린 것이다.[6]

그는 다른 개혁신학자들과 함께 "신약 선지자들의 영감은 그쳐졌으므로, 선지자직도 그쳐졌고", "선지자적 직임은 가르치는 직임 속으로 편입되어졌다"고 한다.[7] 한마디로 개혁파 신학에서는 오늘날에는 선지자(예언자)가 없고 성경에 의존해야 한다고 주장해 온 것이다.[8] 물론 오순절파는 오늘날도 예언이 있다는 식의 주장을 강도의 차이는 있지만 계속해 왔다. 그러므로 와그너 등의 주장은 정통파 교회, 적어도 장로교회의 가르침과는 대척적인 주장을 펴고 있는 것이다. 그러므로 장로교 신학(개혁신학)의 입장에서는 와그너 등의 주장을 비성경적이며 반성경적인 주장이라고 판단하지 않을 수 없다. 성경에다 다른 계시를 더하려 한다는 점에서 그들이 그런 식의 잘못을 범하는 다른 이들과 근본적으로 다를 게 없는 것이다.

와그너 등은 그들이 말하는 예언이 이루어지지 않는다는 것을 잘 안다. 그래서 그들은 이 시대에는 예언의 양상이 변했다고 말한다(21쪽).⁹⁾ (구약의 참 선지자의 예언은 반드시 이루어져야 하지만 이 시대에는 참 선지자의 예언도 꼭 성취되어야 하는 것은 아니라는 주장에 선뜻 동의할 수 있는 사람이 얼마나 있을지 모르겠다.) 또한 와그너는 Y2K$_{2000년}$에 대한 예언자들의 예언이 전대미문의 가장 성공적인 예언이었다고 말한 세속학자인 테드 대니얼스$_{Ted\ Daniels}$의 말을 인용해 예언은 조건적이라고 결론 내린다(47쪽). 이는 과연 와그너가 테드 대니얼스의 비유적인 말을 바르게 이해하고 하는 말인지를 묻게 될 뿐 아니라, 예언한 대로 이루어지지 않은 것에 대한 변명으로 들린다. 와그너가 대니얼스의 말을 제대로 이해하고 인용했는지는 대니얼스가 한 말인 "우리는 엄청나게 쏟아 부었는데 (즉, 2000년의 시작을 위해 대비했는데), 결과적으로 구원을 받고 살아남았다는 겁니다"를 어떻게 이해하느냐의 문제와 연결된다. 과연 Y2K$_{2000년}$에 예견된 일이 일어나지 않은 것은 이 예언자들의 말을 듣고 미리 잘 준비해서라고 말할 수 있을까? 결국 와그너 자신이 말했듯이 그들은 "핑계를 댄다"고 말할 수밖에 없다(47쪽). 또한 예언이 조건적이라면서 하나님은 사람들의 반응에 따라서 선포한 말씀을 바꾸신다는 주장(47쪽)이 과연 성경을 바르게 이해하는 데 도움이 될까 싶다. 오히려 하나님은 변함이 없으심을 분명히 하고, 하나님께서 구약에 선포하도록 하신 말씀 안에 회개하면 주께서 돌이키실 것이라고 신인동성론적 표현이 나타나고 있음을 분명히 하는 것이 더 옳지 않을까?[10]

사실 이들은 소위 예언을 하는 이들의 문제점을 잘 알고 있다. 예를 들어, 그들은 예수 믿기 이전에도 일종의 영적 감지력을 지닌 사람들일 경우가 많음을 맨스필드는 이 책에 실린 자신의 글에서 잘 지적하고 있다(59f. 쪽). 또한 이들은 흑백논리로 생각하려는 경향이 두드러진다고 말한다(61쪽). 더구나 이들은 "다른 사람의 삶에 대해서는 자신들에게 떠오르는 모든 것을 예언의 말씀으로 쏟아 낼 수 있지만, 자기 삶에 대해서는 아무리 사소한 문제라도 하나님의 음성을 전혀 들을 수 없다"고 말한다(63쪽). 마이크 비클도 이런 이들의 많은 문제를 잘 지적하고 있다(92쪽). 그렇다면 모든 이들이 그들에게 "너 자신이나 고치라"고 말하지 않겠는가?

또한 마이크 비클은 소위 예언하는 이들의 말에 거짓말이 많다는 것과 회중 가운데 상당한 사람들이 이들에게 조종당한다는 느낌을 받는 데 지쳐 있다는 것도 자신의 경험으로부터 잘 알고 있다(85쪽). 그러므로 이들은 소위 예언자라고 하는 이들과 부딪히는 경험을 많이 했고, 지금도 그런 일을 경험하고 있다(88

쪽). 사실 『목사와 예언자』가 씌어진 이유는 바로 이런 이들과 관계를 어떻게 가져야 하는지를 보여 주기 위한 것이다. 그러므로 이 책 자체가 이런 직통 예언파의 내재적 문제를 잘 드러내고 있다.

가장 대표적인 예로 마이크 비클의 다음의 말을 생각해 보라: "…예언하는 사람들이 교회 사역을 무너뜨릴 뿐만 아니라 자기 자신의 사역도 무너뜨릴 수 있다는 사실을 깨달았다"(90쪽). 이외에도 이들은 소위 예언자라고 하는 이들이 나타내는 수많은 문제를 잘 알고 있다(111쪽).

톰 해몬Tom S. Hamon도 "(오늘날에 있다고 하는) 예언은… 동시에 교회에서 가장 커다란 잠재적 위험을 내포하고 있다"(121쪽)고 하면서 소위 예언된 것들 가운데는 "거짓 말씀이나 해로운 말씀이 있었다"(133쪽)고 솔직하게 인정하고 있다(121쪽).

그러므로 우리는 와그너 등에게 다음과 같은 질문을 하지 않을 수 없다. 이런 문제를 잘 알면서도 이들을 예언자라고 부르며 그들이 교회의 건강을 위해 필요하다고 하는 이유는 무엇인가? 과연 이 집단은 무엇을 추구하는가? 성경의 명백한 가르침과 교회의 오랜 성경적 전통을 벗어나 이와 같이 나아가려고 하는 이들의 문제점은 조금이라도 성경과 성령의 가르침에 민감한 이들이라면 금세 알아차릴 수 있다. 사실 이 책을 잘 읽으면 우리는 소위 예언한다는 이들을 그렇게 두려워할 필요가 없음을 알게 된다. 그들이 실질적으로 계시의 말씀을 전하는 것이 아님을 직감할 수 있기 때문이다. 이 책이 잘 증언하고 있듯이 소위 예언한다고 하는 이들은 문제가 많으며, 마음의 상처를 가지고 있고, 문제를 일으키기 쉬운 사람들이다. 그러므로 문제는 어떻게 하면 그들을 이런 헛된 추구로부터 돌이켜서 하나님을 성경적으로 바르게 섬기도록 할 것인가 하는 목회적인 문제인 것이다. 이 책이 제시하는 대로 예언 사역을 인정하면서 어떻게 그들을 목회할 것인가 하는 것이 아니라, 보다 근본적인 방향 전환을 하도록 하는 목회적 전략이 필요한 것이다.

좀 더 심각한 문제

그러나 와그너 등의 주장은 1990년대 이후를 신사도적 종교개혁 New Apostolic Reformation 시대라고 규정한다는 점에서 이전의 직통계시파보다 좀 더 철저한 면이 있다(25쪽)[11]. 그들이 바로 이런 입장에서 와그너는 사도들은 "1990년대에 이르러서야 교회에서 활동하는 공식 직분으로서 올바른 위치를 차지하기 시작했다"고 주장한다(14, 17쪽도 보라). 또한 앞부분에서도 "우리가 수백 년 교회사에서 처음으로 교회의 성경적 직분 체제를 다시 한 번 주목하고 있다"(10쪽)고 말했다. 이에 대해서 우리는 종교개혁자들과 함께 의아함을 표하지 않을 수 없다.

오늘날 와그너 등이 말하는 사도라는 말은 새로운 말이라고 할 수 있다. 여기에 와그너 등의 주장에 심각한 문제가 있다고 여겨진다. 일반적인 직통 계시파는 1세기 사도들의 독특한 지위를 인정하면서 예언 사역이 지속된다고 주장해 왔는 데 비해서, 이제 와그너 등은 그럴 뿐만 아니라, 그 예언 사역과 건강한 관계를 지니고 있는 오늘날의 사도들이 있다고 주장하는 것이기 때문이다. 그래서 일반적인 예언자들을 '실라'로 규정하고 실라와 동행한 바울과 같은 사람들이 있다는 것을 시사한다. 예를 들어 와그너는 척 피어스Chuck Pierce가 예언자로 있고 자신은 그와 바울-실라의 관계를 맺고 있다고 말한다(33쪽). 그리고 자신을 "사도이자 교사"라고 말한다(39쪽). 또한 와그너는 자신의 이런 입장에 근거하여 1999년부터 최소한 1년에 두 번씩 '예언하는 장로들의 사도 협의회'The Apostolic Council of Prophetic Elders를 개최하고, 자신이 이 집단의 사도로서 의장직을 감당한다고 말한다(33f. 쪽).

물론 와그너는 자신의 사도직은 수평적 사도 horizontal apostle 이며, 이 사람들의 모임을 제외하면 어떤 개별적인 예언자들에 대해서 아무런 '수직적' 혹은 지속적인 사도 직분을 감당하지 않는다고 밝힌다(34쪽). 그렇다면 구태여 사도라는 말을 사용하는 이유는 무엇일까를 묻지 않을 수 없다. 그러나 와그너 등은 사도라는 용어의 사용을 피하려 하지 않는 듯이 보인다. 그러므로 초대교회의 사도들과 비교했을 때 어느 정도 차이는 있지만 그럼에도 오늘날에도 사도가 있음을 분명히 한다.

근원적 문제 제기:
사도 시대와 우리 시대의 구별의 필요성

이와 같은 와그너 등의 생각을 보면서 우리가 심각하게 물어야 할 것이 있다. 사도 시대의 교회와 우리 시대의 교회는 과연 전혀 차이가 없는 것일까? 우리는 다음과 같은 점에서 분명한 차이가 있음을 인정해야 한다.

첫째로, 사도 시대의 교회에는 사도들이 생존해 있던 교회인 데 반해서, 우리 시대에는 그 사도들이 물론 우리들의 사도이긴 하나 우리와 함께 있지 아니하고 주님과 함께 '하늘'에 있다는 점이다. 사도들이 생존하여 함께하던 때에는 사도가 말로나 글로 가르친 것이 곧바로 하나님의 계시였다. 주님의 가르침을 사도들을 통해 주셨기 때문이다.[12] 그러므로 "그들은 그들이 말로 하든지 글로 하든지 자신들이 가르치는 것이 성령님의 영감으로 되는 것임을 의식하고 있었다."[13] 그러나 우리 시대에는 오직 이미 성경에 기록된 것만이 사도적 가르침이 된다. 왜냐하면 1세기의 사도들은 처음 교회의 사도들이기만 한 것이 아니라, 오늘날 우리의 사도들이기도 하기 때문이다.[14]

따라서 둘째로, 사도 시대에는 하나님의 계시가 아직도 주어지던 시대였다면, 우리 시대에는 주의 재림 때까지는 더 이상 새로운 계시가 없는 시대다. 이 시기는 "특별계시의 시기가 닫힌 때"다.[15] 바빙크_Herman Bavinck_가 잘 말하고 있는 바와 같이, "그때 성경이 종결되어⋯ 특별계시_revelatio specialis_의 새로운 구성요소들이 지금은 더 이상 첨가될 수 없다. 왜냐하면 그리스도는 살아 계시고 그의 사역은 성취되었으며 그의 말씀은 완성되었기 때문이다."[16] 그러므로 우리가 살고 있는 이 시대에는 성문화된 성경의 계시가 하나님의 말씀이다.

따라서 셋째로, 사도 시대의 이적과 기사들은_τε τέρατα καὶ σημεῖα_ 사도들을 통해 주시는 계시를 확증해 주는 사도적 이적_apostolic_ miracles인 데 비해, 우리 시대의 이적은 우리의 기도에 대한 응답으로 주어진다. 우리 시대의 이적은 사도 시대의 이적과 같이 계시를 확증해 주고 선포의 내용을 하나님께서 하늘로부터 보장해 주는 그런 이적이 아니다.

이와 같은 차이를 분명히 하는 것은 그 자체로 매우 중요하며, 사도행전에 나타난 교훈을 우리 교회에 적용하는 데 있어서도 매우 중요하다. 이와 같은 차이를 유념하지 않으면 사도행전의 교회가 계시를 받았고 성령의 가르치심과 직접적 인도하심에 근거해서 살아갔으므로 우리도 그런 성령님의 직접적 가르치심을 기대할 수 있고, 또 그래야 한다는 잘못된 주장을 할 수 있다. 그러나 레이몬드가 잘 지적하고 있는 바와 같이, "하나님께서 오늘날도 예언자들과 방언을 통하여 사람들에게 직접적으로 말씀하신다고 믿는 것은 그만큼 그가 성경을 하나님으로부터 온 말씀으로 절대적으로 필요로 하지 않는 것이며, 따라서 '오직 성경' sola scriptura이라는 위대한 종교개혁적 원리를 버려 버린 것이다".[17]

또 이와 같은 차이를 분명히 의식하지 않으면 사도 시대의 교회에 있었던 이적과 기사 위주의 사역을 해야 하고, 그것이 참으로 성경의 가르침을 따르는 것이라고 잘못된 주장을 할 수 있다. 그러나 예를 들어 말하자면, 우리 시대의 교회에서는 누가 성령님을 속이고 교회의 일을 세상적으로 하려는지를 베드로와 같이 100% 단언할 수 있는 이가 없다. 베드로는 그 일을, 칼뱅이 단언하듯이, "성령님의 계시에 의해서" 알게 되었기 때문이다.[18]

그러나 오늘날에는 성령님의 그런 계시가 있지 아니하다. 그리고 성령님과 교회 공동체를 속이는 자에게 죽음을 말할 때 실제로 죽는 일이 발생하지 않는다.[19] 이는 성령의 힘이 없어져서가 아니라 우리가 베드로와 같은 사도가 아니기 때문이다. 사도에게는 사람의 마음을 살필 수 있는 능력을 주께서 주셨던 것이다.[20] 그러나 우리에게는 그런 능력을 주시지 않았다. 또한 우리는 사도들과 같은 성격의 '표적과 기사'를 일으키지도 않는다. 그런 것은 "신적 계시의 신뢰성에 대한 표로서 의도된" 것이고, 따라서 "특별계시의 시기가 끝났을 때 자연스럽게 그쳐진 것이다".[21] 이처럼 우리는 사도 시대의 교회와 우리 시대 교회의 시대적, 구속사적인 차이를 분명히 의식하고 주장해야 한다.

오늘날에도 하나님의 직접적인 계시가 있다고 주장하며 사도협의회라는 이름으로 모인 자들을 1세기의 사도들은 어떻게 바라볼까? 더 나아가 그 사도들을 불러서 위임하신 예수 그리스도는 어떻게 생각할까? 이 글을 읽는 대부분의 독자들이 그렇게 느끼듯이 이런 식으로 지속하는 것은 결국 사도와 종교적 천재의 차이를 무시하는 것이 아닐까? 하나님 앞에서 민감하게 깨어 열심히 기도하고 하나님의 뜻에 근거하여 우리 개인의 삶과 교회 공동체의 삶을 유지해 나가는 일은 그리스도인으로서 반드시 해야 할 일이다. 그것에 반대할 그리스도인은 없을 것이다. 그런데 예수님은 이미 성경과 내주하시는 성령을 통해 그렇게 살아갈 수 있는 모든 근거를 주셨다.

성경은 1세기의 사도들이 죽은 후 또 다른 사도가 일어날 것이라고 말하지 않는다. 오히려 1세기의 사도와 선지자의 터 외의 다른 터를 닦는 일이 있을 수 없다고 성경은 강하게 경고하고 있다. 그러므로 우리는 언제나 1세기의 사도들이 우리의 사도이며, 그 사도적 가르침에 근거해서 교회와 성도가 세워져 있음을 알아야 한다. 성경과 사도적 가르침에 다른 것을 더하는 이들을 저주한 바울의 선포(갈 1장)가 두렵지 않은가?

> 다른 복음은 없나니 다만 어떤 사람들이 너희를 교란하여 그리스도의 복음을 변하게 하려 함이라 그러나 우리나 혹은 하늘로부터 온 천사라도 우리가 너희에게 전한 복음 외에 다른 복음을 전하면 저주를 받을지어다 우리가 전에 말하였거니와 내가 지금 다시 말하노

니 만일 누구든지 너희가 받은 것 외에 다른 복음을 전하면 저주를 받을지어다(갈 1:7-9).

그러나 오늘날에는 성경에 있는 사도들 외에 사도가 있으며 어떤 식으로라도 자신을 사도라고 말하는 이들이 있다. 또한 이 사도들과 선자지들의 사역이 그쳐진 후에도 하나님의 직접적인 계시가 있다고 말하는 이들도 있다. 모두 성경에 충실하지 못한 무리들이다. 우리 시대에는 성경의 가르침에서 현저하게 벗어난 무리들이 너무 많다. 그리고 그들의 가르침이 많은 사람들에게 영향을 미치고 있다. 이는 우리 시대의 영적인 어두움이 얼마나 심각한지를 알려 준다.

와그너와 그를 따르는 무리들에게, 또한 이런 책의 영향을 받는 이들에게 이런 비성경적인 생각에서 벗어나서 오히려 성경의 가르침에 근거하여 사도와 선지자들의 터 위에 굳건히 서 있기를 강하게 요청한다. 그것이 성경을 영감하여 주신 성령님의 목소리에 귀 기울이는 길이며 성령님께 온전히 순종하며 복속하는 유일한 길이기 때문이다. 부디 바라기는 한국 교회와 세계 교회가 성경과 성령님의 가르침에 참으로 순복하여 주께서 교회를 위해 준비하신 모든 것을 풍성히 누릴 수 있기를 간절히 원한다.

• 한국 교회 변혁과 사회적 제자도 실현을 위한 33일의 기도 •

우리들의 아버지이신 성부 하나님, 우리들을 구속하기 위하여 십자가에서 죽으시고 부활하신 성자 예수님, 예수님께서 이루신 구속을 우리들에게 구체적으로 적용하시는 성령 하나님, 우리의 연약함과 부족함을 불쌍히 여겨 주옵소서. 주께서는 성경의 계시를 완성하여 주시고 성령님은 지혜와 계시의 영으로 깨달아 알게 하심으로 우리가 하나님과 교제하며 이 땅에서 살게 하셨지만 오늘날 그 계시에 충실하지 않은 사람이 생겨나고 있습니다. 불쌍히 여기사 그 죄를 돌이키게 하옵소서. 말씀으로 교훈하시고, 고치시고, 훈계하시고, 인도해 주옵소서. 이미 주신 말씀의 계시 외에 다른 것을 찾는 어리석음을 되풀이하지 않게 하시고, 말씀 안에서 주님과 깊은 교제를 나누며 성령님의 인도 안에서 살게 하옵소서. 예수님 이름으로 기도합니다. 아멘.

신천지는 왜 이단인가?

근본적으로 신천지가 이단인 것은 그들이 예수님을 말하는 것 같이 보이지만 궁극적으로는 그들이 말하는 "신약의 목자", "이긴 자"를 믿으라 하기 때문에 그들은 예수교가 아니라 이단이다.

신천지는 "시대마다 택하신 목자"가 있는데, 그들은 "노아, 아브라함, 모세, 여호수아, 초림 예수님과 재림 예수님"이라면서[1] "구약의 약속의 목자와 성전이 예수님"요 2:19-21이라면 "신약의 약속의 목자와 성전은 누구인가?"라고 묻는다.[2] 그리고는 "신약 성서도 약속의 목자를 알 수 있도록 기록되어 있다"면서 "신약의 약속의 목자는 예수님의 이름으로 오신다고 하셨다… 진리의 성령 보혜사가 주님의 이름으로 오시게 되고, 진리의 성령을 받은 목자도 주님의 이름으로 약속된 주님의 말씀을 대언하게 된다"[3] 면서 "약속한 진리의 성령 보혜사와 보혜사 성령이 택한 목자가 하나가 되어, 예언이 성취된 것과 계시의 말씀을 받아 대언하게 된다"고 주장한다.[4] 그는 계시록이 말하는 "펼친 책을 받은 한 분"이며 "계시록의 전장의 실체들을 보고 들었고 계시의 말씀을 받"은 사람이다.[5] 그리하여 그를 "계시록 책을 받아먹은 자",[6] "종말 사건을 본 자,"[7] "계시 말씀을 받은 자,"[8] 또는 "계시 받은 자,"[9] "하나님의 뜻을 따라 열린 책을 받은 자,"[10] "신약성경에 정한 그 한 사람$_{계\,10장}$,"[11] 곧 "〔요한계시록〕 10장에서 열린 계시를 받아 증거하는 자"이기 때문에 사람들은 이것을 "깨달아 믿고 찾아 배워야 한다"고 주장한다.[12] 왜냐하면 "지금 이 세상에는 주께서 보낸$_{계\,10장;\,겔\,2-3장}$ 한 사람(사자)이 있"기 때문이라는 것이다.[13] 그들은 "신약의 계시 책도 예수께서 인을 떼고 열어 약속의 목자에게 줌으로 오직 그 한 목자만이 계시록의 예언과 그 예언대로 이룬 실상을 증거할 수 있다"고 한다.[14] 그리고 신천지는 그 한 사람이 바로 이만희라고 소개한다. 그들은 이렇게 말한다:

예수님의 이름으로 보내는 진리의 성령 보혜사는 대언의 영이다. 이 영이 사람 속에 거하시면 그 사람을 무어라 호칭해야 하는지 요 14장 핍박하기보다 그 답을 내어 놓자.[15]

그들은 이만희를 "대언의 증인"이라고도 하고,[16] "대언의 사자"라고도 하며,[17] "주의 이름으로 온 자",[18] "주님의 사자" 계 1:1-2, 22:16,[19] "영적 요한,"[20] "새 요한,"[21] "말세의 종, 사도 요한,"[22] "예수님이 보낸 자(사자),"[23] "공의 공도의 사자,"[24] "예수께서 약속한 목자", "참 목자"라고도 한다.[25] 한마디로 이만희가 데살로니가후서 2장 1-12절에서 말한 "구원자"라는 것이다.[26]

그들은 또 이만희를 "마태복음 24장 45-47절의 예수님의 모든 소유를 받는 자", "계시록 2, 3장의 하나님의 이름과 예수님의 새 이름과 하늘에서 내려오는 거룩한 성 새 예루살렘의 이름을 그 위에 기록 받는 이긴 자", "예수님으로부터 흰 돌과 만나와 만국을 다스리는 철장을 받는 사람", "예수님의 보좌에 함께 앉는 자", "계시록 21장 7절의 이긴 자"라고도 지칭한다.[27] 또한 그를 "계시록 전장의 실상을 보고 듣고 지시를 받아 전하는 자,"[28] "오리지널 하늘에서 온 진짜 정통 계시를 가르치는 목자,"[29] "계시를 받아 전하는 목자,"[30] "종말에 하나님께서 택하신 계시록의 목자,"[31] "계시를 말하는 사람"이라고도 부른다.[32] 그의 "성경 지식은 이 세상 목자들이 가히 상상도 생각도 못한 하늘 차원의 계시 지식이라 할 것이다"고 한다.[33]

더 나아가서 그들은 "이 사람은 요한계시록 12장의 '여자에게서 난 자'요… 철장으로 만국을 다스릴 자이며, 하나님의 보좌로 올라간 자이며, 용의 일곱 머리와 열 뿔 가진 짐승과 싸워 이긴 자이다"면서, "이 이긴 자를 요한계시록 21장 7절에서는 하나님의 아들이 되고 유업을 이을 자라고 하였다"고 한다.[34] 그리하여 그를 "유업을 받는 아들"이라고 하기도 하고,[35] "종말 사건에서 만국을 다스릴 아이"라고도 한다.[36]

또한 "보혜사 곧 진리의 성령이 그 마음에 거하시는 그 사람은 보혜사의 이름으로 오시는 것"이라면서,[37] 그를 "보혜사 성령이 임한" 자요 "보혜사 성령이 함께하는" 자이며[38] "주님의 이름으로 오시는 보혜사대언자,"[39] "다른 보혜사" 또는 "보혜사,"[40] "주님과 함께 역사하는 보혜사"라고 일컫는다.[41] 또 "예수의 이름으로 오는 진리의 성령 보혜사는 이긴 자 안에서 역사하신다"고도 하며[42] 또 "보혜사 성령은… 이긴 자와 하나가 됨으로 진리의 성읍이 되었고, 온 세상에 하나밖에 없는 생명나무가 되었다",[43] "보혜사 성령은 이긴 자와 하나 되어 계시록을 이루신다"고도 말한다.[44] 그들은 "보혜사는 직책 곧 사명이다"[45]면서 대언자 역할을 하는 자가 곧 보혜사라고 말한다. "영의 보혜사(보혜사 성령)는 하나님의 말씀을 대언하고, 하나님께서 택하신 목자는 보혜사 성령에게 말씀을 받아 성도들에게 대언한다. 기록된 바 보혜사 성령은 사람 안에 거하신다 하였으니, 대언의 영 보혜사 성령이 함께하는 그 사람(목자)이 말씀을 받아 보혜사 성령과 같이 대언함으로 육의 보혜사가 된다"고 주장한다.[46] 후에는 아예 그를 가리켜 "영육靈肉 보혜사"라고 부른다.[47] 또한 이와 연관하여 그들은 "주의 이름으로 오신 진리의 성령 보혜사가 임하여 하나가 된 사람을 보혜사라고 하는 것이 무엇이 잘못이란 말인가?"라고[48] 묻기도 한다. 그리하여 결국 그들은 "예수님의 이름으로 오신 보혜사를 보는 것이 예수님을 보는 것이 된다. 그 이유는 그 영이 그 사람 속에 있기 때문이다"면서 "또 보혜사의 말 곧 보혜사의 이름으로 오시는 그 사람의 말을 믿는 것이 예수님을 믿는 것이 된다"고[49] 이단이라고밖에 할 수 없는 발언을 서슴지 않는다.

따라서 이만희가 "예수의 이름으로 보낼 한 목자",[50] "신천지 예수교의 목자,"[51] 참 목자, 약속의 목자인 "이긴 자"요,[52]

"주와 하나가 된 자",[53] 이 시대의 "생명나무"[54]라서 (위에서 본 바와 같이) 그를 믿는 것이 예수님을 믿는 것이 된다는 결론에 이른다. 그들은 또 이 "이긴 자(약속의 목자)는 스스로 나타나 선 것이 아니요, 하나님께서 택하여 세우신 것"이라면서[55] "신약에서 알 것은 이긴 자가 없으면 나라도 제사장도 구원도 없다는 사실이다"고 주장한다.[56] 이긴 자가 반드시 필요하다고 역설하는 것이다.

그들은 "신천지 예수교의 목자는, 초림 예수님이 구약성경대로 와서 성경대로 이룬 것같이, 신약의 성경대로 왔고 성경대로 이루었으며, 사람의 계명이 아닌, 하늘에서 온 계시의 말씀과 성취된 실상을 증거하고 있다"면서[57] "예수께서 열린 책의 말씀과 예언을 이룬 것을 오직 희(熙, 이만희를 뜻함)에게만 보여 주고 지시하셨기에, 온 세계 중에서 희(熙)만이 신약의 성취에 대해 증거할 수 있다"[58]고 주장한다. 더 나아가 이 "이긴 자도 예수님의 보좌에 함께 앉는 권세를 주셨다"고 한다. 이 이긴 자만이 독특하게 예수님과 같이 통치하는 자가 된다는 것인데 전혀 성경적이지도 않고 참람한 주장이 아닐 수 없다.[59] "이긴 자를 통하지 않고는 구원이 없다. 이것이 새 언약 곧 신약의 예언이요, 오늘날 성취된 실상이다"면서,[60] 그에게서 배우고 믿어야만 구원을 받는다고 주장한다. 이단이 아니고는 주장할 수 없는 내용이다.

그들은 "구원받기 위해 와서 배워야 한다"고 주장한다.[61] "오직 와서 배워야만 거듭나게 되고, 새로운 피조물이 되며, 성령이 함께하게 된다"는 것이다.[62] "성도는 계시가 있는 곳으로 가야만 구원을 받을 수 있다"나[63] "이긴 자에게 가는 것이 구원이요, 하나님과 예수님께 가는 것이며, 천국에 가는 것이 된다"나 같은 맥락의 주장이다.[64] 또 "모든 성도들은 오직 계시를 받은 목자에게 배워야 주의 뜻대로 하는 자가 되며, 주의 뜻을 알게 되고 열린 책과 성취된 것을 보고 들은 자에게 증거를 받음으로 보고 알게 되고 믿게 되며 구원을 받을 수 있다"도 위와 같은 주장이다.[65] 그리고 마침내 "오늘날 누구든지 신천지를 통하지 않고는 정통도 구원도 천국도 없다. 신천지를 통해서만 천국과 영생이 있으며 하나님과 예수님께 올 수 있다"고 노골적으로 자신의 정체를 드러내기에 이른다.[66]

또 신천지는 "초림 때와 같이 오늘날도 책을 받은 한 사람에게 심판도 생명의 말씀도 있음을 믿는 것이 예수님의 뜻이다"[67]면서 그들이 참 목자라 하는 자가 심판도 할 수 있고 생명의 말씀도 가지고 있다고 주장한다. "그에게는 심판권과 치리권이 있다"는 것이다.[68] 그들은 또 "약속한 추수 때가 되어 주님이 도둑같이 천사와 함께 오시어 추수 밭(씨 뿌린 교회)에 가서 알곡을 추수하여 아버지 나라로 가져간다"[69]면서 지금이 추수 때이며, 자신들은 추수꾼으로서 주님의 일을 수행하는 중이라고 주장한다. 그들이 말하는 추수가 이루어지고 있는 "지금이 예수님 재림 때"이며[70] 그때는 "양식을 받아 때를 따라 먹이는 목자가 재림의 예수님과 하나가 되고 모든 유업을 받게 된다"고[71] 강조한다. 그들이 말하는 "재림 예수님"이 누구인지를 그들은 상당히 명백히 시사하고 있는 것이다.

이런 신천지가 이단이 아니라면 무엇을 이단이라고 할 수 있을까? 그런데도 신천지의 가르침을 따르는 사람이 있다는 것은 참으로 안타까운 일이다. 신천지는 이렇게 터무니없는 주장을 하면서도 자신들이 이단이 아니라고 강력하게 부인하는데 이것이야말로 "자기 속에 거짓 신이 들어 있기 때문"임을 명백히 드러내는 것이다.[72]

> • 한국 교회 변혁과 사회적 제자도 실현을 위한 33일의 기도 •
>
> 만유의 주재이신 삼위일체 하나님, 세상 많은 사람들이 하나님을 믿지 않으며, 그중에 상당수는 성경적 가르침에서 벗어나 잘못된 길로 나아가고 있습니다. 수많은 사람들이 우리 주 예수 그리스도 외에 다른 사람이 구원주요 재림주라고 믿으며 나아가는 안타까운 현실을 불쌍히 여겨 주옵소서. 저들의 마음에 회개의 영을 부어 주사 성경적인 바른 교훈으로 돌이킬 수 있도록 하옵소서. 이 땅의 교회들이 정신을 똑바로 차리고 이단을 분별하게 하옵시고, 신천지와 같은 이단이 진리의 바른 길로 돌아오는 일에 더욱 힘쓰게 하옵소서. 우리가 성경적 진리를 잘 배워서 주님의 바른 진리를 굳게 지켜 나가게 하옵소서. 우리 주 예수 그리스도의 이름으로 기도합니다. 아멘.

〈신천지가 믿지 않고 비판하는 사도신경의 내용을 잘 배우고 믿어 나가면 신천지 같은 이단에 속지 않고, 가장 건전한 신앙생활을 할 수 있을 것이다.〉

•• 사도신경 연구를 위한 참고 문헌

이승구, 『사도신경』 제3판 3쇄 (서울: SFC, 2013).

• 미주 •

제1부. 교회를 속이는 영적 이슈

인터넷 예배, 드려도 되는가?

1. 이를 잘 강조한 예로 나의 친구 David Currie 박사의 박사학위 논문을 보라. Cf. "The Growth of Evangelicalism in the Church of Scotland, 1793-1843" (Ph.D. thesis, University of Saint Andrews, 1990).

제4부. 이단, 사이비 운동의 유혹

와그너와 신사도 운동의 오류

1. Peter Wagner, et al., *Pastors & Prophets* (Colorado Springs, CO: Wagner Publications, 2000), 임종원 옮김, 『목사와 예언자』 (서울: 도서출판 진흥, 2004).

2. Peter Wagner, *Apostles and Prophets: The Foundations of the Church* (Ventura, CA: Regal Books, 2000).

3. Peter Wagner, *Your Spiritual Gifts Can Help Your Church Grow* (Ventura, CA: Regal Books, 1979, 1994), 229, cited in 『목사와 예언자』, 21f.

4. *The Westminster Confession of Faith*, I. 1, 1 & I. 1, 6.

5. Cf. Richard B. Gaffin, Jr., *Perspectives on Pentecost* (Phillipsburg, N.J.: Presbyterian and Reformed, 1979), 65-67; R. Fowler White, "Richard Gaffin and Wayne Grudem on I Cor. 13:10: A Comparison of Cessationist and Nocessationist Argumentation," *Journal of the Evangelical Theological Society* 35/2 (1992): 173-81; idem, "Gaffin and Grudem on Ephesians 2L20: In Defense of Gaffin's Cessationist Exegesis," *Westminster Theological Journal* 54 (Fall 1993): 303-20; O. Palmer Robertson, *The Final Word* (Carlislie, Pa.: Banner of Truth, 1993), 85-126; Edmund P. Clowney, *The Church* (Downers Grove, Ill.: IVP, 1995), 257-68.

6. Robert L. Reymond, *A New Systematic Theology of the Christian Faith* (Nashville, Tennessee: Thomas Nelson Publishers, 1998), 59.

7. Reymond, 84. Cf. David Clyde Jones, "The Gift of Prophecy Today," *The Presbyterian Guardian* (December 1974), 163-64.

8. John Murray, *Collected Writings*, 1:19-22.

9. 와그너는 Mike Bickle, *Growing in the Prophetic* (Orlando: FL: Creation House, 1996), 97을 인용하면서 이 논의를 하고 있다.

10. 하나님의 섭리에 대한 이런 입장에서의 논의로 Paul Helm, *The Providence of God* (Leicester: IVP, 1993), 이승구 옮김, 『하나님의 섭리』(서울: IVP, 2004)를 보라.

11. 또한 다음 책도 보라. Peter Wagner, *The New Apostolic Churches* (Ventura, CA: Regal Press, 1998).

12. Bruce, *Acts, Greek Text Commentary*, 100.

13. Louis Berkhof, *Systematic Theology* (Grand Rapids:

Eerdmans, 1949), 585.

14. Berkhof, *Systematic Theology*, 585.

15. Berkhof, *Systematic Theology* 148, 601. See also 박형용,『교회와 성령』(서울: 합동신학원, 1997), 54-64.

16. Herman Bavinck, *Gereformeerde Dogmatiek*, I (Kampen: J. H. Kok, 1928), 김영규 옮김,『개혁주의 교의학』I (서울: 크리스챤다이제스트, 1996), 444.

17. Reymond, *A New Systematic Theology of the Christian Faith*, 59.

18. Calvin, *Acts*, I:133.

19. 좀 다른 측면이긴 하지만 이런 점에 대한 지적으로 Marshall, *Acts*, 110f.을 보라.

20. Marshall, *Acts*, 112; Calvin, Acts, I:133.

21. Berkhof, *Systematic Theology* 601. 비슷한 입장의 표명으로 Benjamin B. Warfield, *Miracles: Yesterday and Today* (Grand Rapids: Eedrmans, n. d.), esp., 25-26; Richard B. Gaffin, Jr., "A Cessationist View," in *Are Miraculous Gifts for Today?*, ed. Wayne A. Grudem (Grand Rapids: Zondervan, 1996), 25-64; idem., "A Cessationist Response to Robert L. Saucy," 149-51; Robert L. Reymond, *What About Continuing Revelations and Miracles in the Presbyterian Church Today?* (Phillipsburg, N.J.: Presbyterian and Reformed, 1977); idem, *Systematic Theology*, 409-13 등을 보라.

신천지는 왜 이단인가?

1. 신천지 총회 교육부,『진리의 전당, 주제별 요약 해설』(과천: 도

서출판 신천지, 2009, 재판 2010), 74.

2. 신천지 총회 교육부,『진리의 전당, 주제별 요약 해설』, 93. 그들이 말하는 "오직 한 사람"인 신약의 "약속의 목자"에 대해서 다음을 보라: 신천지 총회 교육부,『진리의 전당, 주제별 요약 해설』, 94, 96, 105, 114, 119, 123-26, 154f., 155, 157, 159, 165, 185, 193-96, 199, 202, 214, 225, 244, 261, 274, 278, 288; 신천지 총회 교육부,『진리의 전당, 주제별 요약 해설 II』(과천: 도서출판 신천지, 2010), 16, 25, 29, 32, 34, 45-46, 52, 56, 58, 76, 77, 89, 94, 114, 135, 152, 154, 175("약속의 사자"), 178, 187, 188, 223, 224, 227, 230, 238, 239, 245, 252, 253, 254, 266, 276, 282, 286, 293, 297, 304. 그들은 자신들이 이만희를 예수라 하지 않는다고 매우 강조하면서 이만희를 예수라 한다고 비판하는 것을 강하게 비판한다(『진리의 전당, 주제별 요약 해설』, 57f., 112, 118, 174;『진리의 전당, 주제별 요약 해설 II』, 208). 이는 이전의 자신들의 가르침을 주도하던 신현욱 소장을 비판하려는 시도인 것으로 여겨진다.

3. 신천지 총회 교육부,『진리의 전당, 주제별 요약 해설』, 94. Cf. 227, 246.

4. 신천지 총회 교육부,『진리의 전당, 주제별 요약 해설』, 94, 194, 강조점은 덧붙인 것임.

5. 신천지 총회 교육부,『진리의 전당, 주제별 요약 해설』, 72, 103.

6. 신천지 총회 교육부,『진리의 전당, 주제별 요약 해설』, 282;『진리의 전당, 주제별 요약 해설 II』, 53, 88, 252.

7. 신천지 총회 교육부,『진리의 전당, 주제별 요약 해설 II』, 137.

8. 신천지 총회 교육부,『진리의 전당, 주제별 요약 해설』, 244, 246, 280.

9. 신천지 총회 교육부,『진리의 전당, 주제별 요약 해설』, 244;『진

리의 전당, 주제별 요약 해설 II』, 39.

10. 신천지 총회 교육부, 『진리의 전당, 주제별 요약 해설』, 87, 94, 97, 119, 198. Cf. 『진리의 전당, 주제별 요약 해설 II』, 58.

11. 신천지 총회 교육부, 『진리의 전당, 주제별 요약 해설 II』, 143.

12. 신천지 총회 교육부, 『진리의 전당, 주제별 요약 해설』, 94. Cf. 278.

13. 신천지 총회 교육부, 『진리의 전당, 주제별 요약 해설』, 77, 78.

14. 신천지 총회 교육부, 『진리의 전당, 주제별 요약 해설』, 157, 199.

15. 신천지 총회 교육부, 『진리의 전당, 주제별 요약 해설』, 78.

16. 이만희, 『천국 비밀, 요한계시록의 실상: 요한계시록의 예언과 성취』(과천: 도서출판 신천지, 2005), 27.

17. 신천지 총회 교육부, 『진리의 전당, 주제별 요약 해설』, 118, 265; 『진리의 전당, 주제별 요약 해설 II』, 113.

18. 신천지 총회 교육부, 『진리의 전당, 주제별 요약 해설』, 283-85.

19. 신천지 총회 교육부, 『진리의 전당, 주제별 요약 해설』, 280.

20. 신천지 총회 교육부, 『진리의 전당, 주제별 요약 해설 II』, 39, 40.

21. 신천지 총회 교육부, 『진리의 전당, 주제별 요약 해설 II』, 52, 53, 152, 230, 268, 301, 302, 309.

22. 신천지 총회 교육부, 『진리의 전당, 주제별 요약 해설 II』, 76, 77.

23. 신천지 총회 교육부, 『진리의 전당, 주제별 요약 해설 II』, 39, 53.

24. 신천지 총회 교육부, 『진리의 전당, 주제별 요약 해설 II』, 175.

25. 신천지 총회 교육부, 『진리의 전당, 주제별 요약 해설』, 57, 75, 91, 154; 『진리의 전당, 주제별 요약 해설 II』, 186, 53("약속의 참 목자").

26. 신천지 총회 교육부, 『진리의 전당, 주제별 요약 해설』, 154; 『진리의 전당, 주제별 요약 해설 II』, 297("구원자인 이긴 자").

27. 신천지 총회 교육부, 『진리의 전당, 주제별 요약 해설』, 58. 또한

103, 118, 154, 159쪽도 보라:『진리의 전당, 주제별 요약 해설 II』, 256.

28. 신천지 총회 교육부,『진리의 전당, 주제별 요약 해설』, 265.

29. 신천지 총회 교육부,『진리의 전당, 주제별 요약 해설』, 71.

30. 신천지 총회 교육부,『진리의 전당, 주제별 요약 해설 II』, 45, 53("신약의 계시를 받은 목자").

31. 신천지 총회 교육부,『진리의 전당, 주제별 요약 해설』, 94.

32. 신천지 총회 교육부,『진리의 전당, 주제별 요약 해설』, 85.

33. 신천지 총회 교육부,『진리의 전당, 주제별 요약 해설』, 118.

34. 신천지 총회 교육부,『진리의 전당, 주제별 요약 해설』, 124, 308;『진리의 전당, 주제별 요약 해설 II』, 40, 45, 76, 259, 261.

35. 신천지 총회 교육부,『진리의 전당, 주제별 요약 해설 II』, 40, 76. Cf.『진리의 전당, 주제별 요약 해설』, 124, 308.

36. 신천지 총회 교육부,『진리의 전당, 주제별 요약 해설 II』, 76, 77.

37. 신천지 총회 교육부,『진리의 전당, 주제별 요약 해설 II』, 90.

38. 신천지 총회 교육부,『진리의 전당, 주제별 요약 해설』, 227. Cf. 『진리의 전당, 주제별 요약 해설』, 300("보혜사 성령과 하나 된 참 목자");『진리의 전당, 주제별 요약 해설 II』, 224, 230, 254.

39. 신천지 총회 교육부,『진리의 전당, 주제별 요약 해설 II』, 275.

40. 이만희,『천국 비밀, 요한계시록의 실상: 요한계시록의 예언과 성취』, 표제면. 그는 아예 표제에서 이 책의 저자를 보혜사 이만희라고 제시한다. 또한 신천지 총회 교육부,『진리의 전당, 주제별 요약 해설』, 214;『진리의 전당, 주제별 요약 해설 II』, 111도 보라. 그러나 그는 "보혜사 성령"은 자신이 아니라는 언급도 한다(신천지 총회 교육부,『진리의 전당, 주제별 요약 해설』, 57). 그들은 이와 같이 "보혜사 성령"과 "보혜사"를 구별한다(신천지 총회 교육부,『진리의 전당, 주제별 요약 해설』, 212). 대언

자를 보혜사라 하면서 "보혜사 성령"도 대언자였고 이만희도 대언자이니 그가 "보혜사 성령"은 아니지만 "보혜사"라는 것이다. 후에 논의하겠지만, 그를 "육의 보혜사"라고 하기도 한다(신천지 총회 교육부, 『진리의 전당, 주제별 요약 해설 II』, 115).

41. 신천지 총회 교육부, 『진리의 전당, 주제별 요약 해설』, 280.
42. 신천지 총회 교육부, 『진리의 전당, 주제별 요약 해설 II』, 49.
43. 신천지 총회 교육부, 『진리의 전당, 주제별 요약 해설 II』, 56.
44. 신천지 총회 교육부, 『진리의 전당, 주제별 요약 해설 II』, 270.
45. 신천지 총회 교육부, 『진리의 전당, 주제별 요약 해설』, 212, 215.
46. 신천지 총회 교육부, 『진리의 전당, 주제별 요약 해설 II』, 115.
47. 신천지 총회 교육부, 『진리의 전당, 주제별 요약 해설 II』, 116.
48. 신천지 총회 교육부, 『진리의 전당, 주제별 요약 해설』, 155, 214f.
49. 신천지 총회 교육부, 『진리의 전당, 주제별 요약 해설 II』, 90.
50. 신천지 총회 교육부, 『진리의 전당, 주제별 요약 해설 II』, 24.

51. 신천지 총회 교육부, 『진리의 전당, 주제별 요약 해설』, 139, 141; 『진리의 전당, 주제별 요약 해설 II』, 77("예수님께 택함 받은 신천지 목자"), 152("신천지의 약속의 목자").

52. 신천지 총회 교육부, 『진리의 전당, 주제별 요약 해설』, 58, 71, 97, 155, 157, 159, 165, 174, 193, 194, 195, 196, 199, 204, 217, 242, 244, 263, 269, 271, 274, 275, 278, 284, 288, 300, 308, 337; 『진리의 전당, 주제별 요약 해설 II』, 25, 32, 34, 39, 40, 45, 49, 56, 100, 114, 115, 116, 154, 177, 178, 188, 204, 225, 230, 240, 253, 254, 255f., 263, 266, 268, 282, 286, 297, 304. 그리고 이 하나의 이긴 자에게서 "배운 많은 이긴 자들"이(『진리의 전당, 주제별 요약 해설』, 217, 278, 300, 310; 『진리의 전당, 주제별 요약 해설 II』, 167, 286) 바로 신천지 교도들

이라고 한다.

53. 신천지 총회 교육부, 『진리의 전당, 주제별 요약 해설 II』, 100.

54. 신천지 총회 교육부, 『진리의 전당, 주제별 요약 해설 II』, 100.

55. 신천지 총회 교육부, 『진리의 전당, 주제별 요약 해설 II』, 32. Cf. 『진리의 전당, 주제별 요약 해설 II』, 111.

56. 신천지 총회 교육부, 『진리의 전당, 주제별 요약 해설 II』, 282.

57. 신천지 총회 교육부, 『진리의 전당, 주제별 요약 해설』, 141.

58. 신천지 총회 교육부, 『진리의 전당, 주제별 요약 해설 II』 (과천: 도서출판 신천지, 2010), 9.

59. 신천지 총회 교육부, 『진리의 전당, 주제별 요약 해설』, 165. Cf. 『진리의 전당, 주제별 요약 해설』, 284, 337; 『진리의 전당, 주제별 요약 해설 II』, 45, 76, 116, 253, 256.

60. 신천지 총회 교육부, 『진리의 전당, 주제별 요약 해설 II』, 40.

61. 신천지 총회 교육부, 『진리의 전당, 주제별 요약 해설』, 72.

62. 신천지 총회 교육부, 『진리의 전당, 주제별 요약 해설』, 133.

63. 신천지 총회 교육부, 『진리의 전당, 주제별 요약 해설』, 142.

64. 천지 총회 교육부, 『진리의 전당, 주제별 요약 해설 II』, 45.

65. 신천지 총회 교육부, 『진리의 전당, 주제별 요약 해설』, 72. Cf. 157.

66. 신천지 총회 교육부, 『진리의 전당, 주제별 요약 해설』, 204-5.

67. 신천지 총회 교육부, 『진리의 전당, 주제별 요약 해설』, 97.

68. 신천지 총회 교육부, 『진리의 전당, 주제별 요약 해설 II』, 116, 286. Cf. 『진리의 전당, 주제별 요약 해설 II』, 204.

69. 신천지 총회 교육부, 『진리의 전당, 수제별 요약 해설』, 261.

70. 신천지 총회 교육부, 『진리의 전당, 주제별 요약 해설 II』, 29, 37, 55, 57, 67, 77f., 114, 128, 151.

71. 신천지 총회 교육부, 『진리의 전당, 주제별 요약 해설 II』, 223.
72. 신천지 총회 교육부, 『진리의 전당, 주제별 요약 해설』, 58을 인용한 말이다.

거짓과 분별